International Seabed Authority: 20 Years

Les vingt ans de l'Autorité internationale des fonds marins

Celebrating **20** Years

INTERNATIONAL SEABED AUTHORITY

1994 - 2014

International Seabed Authority: 20 Years

Jean-Pierre Lévy

Published in Jamaica 2014 by The International Seabed Authority

Publié à la Jamaïque en 2014 par l'Autorité internationale des fonds marins

© International Seabed Authority 2014

National Library of Jamaica Cataloguing-in-Publication Data

Lévy, Jean-Pierre
  The International Seabed Authority: 20 years = Les vingt ans de l'Autorite internationale des fonds marins / Jean-Pierre Lévy

  p. : maps ; cm.
Bibliography: p.
ISBN 978-976-8241-26-9
ISBN 978-976-8241-25-2 (e-bk)

1. International Seabed Authority
I. Title

341.455 – dc 23

CONTENTS

Preface

Dr. Jean-Pierre Lévy, former Secretary of the First Committee of the Third United Nations Conference on the Law of the Sea and Director of the Division for Ocean Affairs and Law of the Sea participated in the Third United Nations Conference on the Law of the Sea, the Preparatory Commission for the International Seabed Authority and the International Tribunal for the Law of the Sea, the Secretary-General's Informal Consultations on outstanding issues relating to the deep seabed mining provisions of the Convention, and the International Seabed Authority where he was a member of the Finance Committee.

His book, International Seabed Authority: 20 Years, is an outstanding contribution to the history of this international organization. The book captures the challenges faced by the international community to establish the only operational institution mandated to manage, for the benefit of present and future generations, the global commons that have been declared the common heritage of mankind.

Starting from the institution envisaged in the 1982 United Nations Convention on the Law of the Sea, Dr. Lévy chronicles the transformation of the International Seabed Authority by the adoption of the 28 July 1994 Agreement relating to the implementation of Part XI of the Convention and provides details of the adjustments that had to be made to some provisions during the organizational phase of the Authority's establishment upon entry into force of the Convention.

Dr. Lévy's publication provides a wealth of knowledge on the organs and subsidiary organs of the Authority, how the Authority has been financed from its initial phase when it was financed by the United Nations until now when its financing has been through member States and the European Union based on United Nations practice.

A significant part of the publication addresses the substantive content of the work of the International Seabed Authority. These include the scientific workshops undertaken to facilitate the work of the Legal and Technical Commission, the exploration codes for the three minerals of interest: polymetallic nodules, polymetallic sulphides and cobalt-rich ferromanganese crusts, the exploration contractors with the Authority and the Authority's future. It summarizes the workshops convened by the Authority in accordance with the Convention which requires that the work of the Legal and Technical Commission should take into account the views of recognized experts, in particular as relates to the protection of the marine environment. It briefly discusses the two funds that have been created by the Authority to cover the participation of developing country experts in the Legal and Technical Commission and the Finance Committee, and for experts from developing countries to participate in marine scientific research programmes in the Area.

The publication describes the three exploration codes that have been adopted by the Authority and the entities that it has entered into contracts with as a result. It also reviews the Authority's work in relation to the distribution of revenues that will result from exploiting mineral resources from the continental shelf beyond 200 nautical miles in accordance with article 82.

With regard to the future it touches upon the possibility of exploiting other resources of the deep seabed such as rare earth metals, the Authority's potential role in the management of deep seabed genetic resources, and the possible extension of the activities of the Authority in the protection of the marine environment.

Dr. Lévy's publication has come at a very opportune time. It should prove to be invaluable to researchers, scholars and all those interested in this truly novel area of human endeavour.

Nii Allotey Odunton
Secretary-General
International Seabed Authority

Kingston, June 2014

Introduction

Twenty years ago on 16 November 1994, Kingston was jubilant as it commemorated the entry into force of the United Nations Convention on the Law of the Sea ("the Convention"), adopted in 1982, and consequently, the inauguration of the International Seabed Authority ("the Authority"), as the country had been chosen almost a quarter century earlier to host this unique institution. The decision concerning the seat of the Authority had been taken by an informal vote during the Third United Nations Conference on the Law of the Sea ("the Third Conference").[1]

The inaugural session of the Authority was opened by the United Nations Secretary-General, M. Boutros Boutros-Ghali, and by the Prime Minister of Jamaica, The Most Honourable P.J. Patterson.

The importance of this date in the history of the law of the sea revealed itself in the first lines of M. Boutros-Ghali's speech:

> Here in Kingston, Jamaica, the international community marks a historic achievement. Today we celebrate the entry into force of the United Nations Convention on the Law of the Sea. And today, under the auspices of the Convention, we convene for the inaugural Assembly of the International Seabed Authority.
>
> The dream of a comprehensive law for the oceans is an old one. Turning this dream into a reality has been one of the greatest achievements of this century. It is one of the decisive contributions of our era. It will be one of our most enduring legacies.

Mr. Patterson proudly opened the Authority's first session, for which Jamaica had campaigned a long time. He underlined the future role of the Convention in the evolution of international law and also the fact that for the first time serious attempts to peacefully conciliate diverse, and at times contentious, issues had led to the negotiation of a universal text by such a large number of countries. This collective effort was expressed as follows:

> The Convention, it is hoped, will be an engine of cooperation between the developed and developing States. It could herald a congruence of interests between the countries of both North and South.[2]

---

[1] During the resumed tenth session of the Third United Nations Conference on the Law of the Sea, held in Geneva in August 1981, an indicative vote was taken at an informal meeting in order to include the name of the future host country of the Authority in the informal draft of the Convention. After the elimination of Fiji, Jamaica prevailed over Malta at the second ballot, by 76 votes against 66.

[2] Texts of both speeches can be found in the Authority's archives.

The Authority that was then established was very different from the institution described in the 1982 Convention. Since then, the adoption of the 28 July 1994 Agreement relating to the Implementation of Part XI of the Convention ("the 1994 Agreement"), by eliminating the provisions of the Convention that most industrialized countries had deemed unacceptable, had led all States to express their support for the new institution.[3]

This restructured Authority took its place among other international organizations with the assurance that all States, and especially industrialized ones, would allow it to exist and endure. However, its inception occurred in a political and economic context that was totally different from that in existence at the time of its conception. On the one hand, the Authority had lost its supranational nature, and, on the other, its members had become aware that a considerable period of time would elapse before it could effectively exploit the resources that were designated as the "Common Heritage of Mankind". Under these conditions, and given the complexity of the provisions of the 1994 Agreement, it was foreseeable that the setting up of the Authority would be a complex task. Indeed, the establishment of the organizational structure of the Authority required several years.

It is essential to recall that the Authority (ISBA, and later ISA) is the only operational institution mandated to manage, for the benefit of present and future generations, a chunk of our planet that has been declared the common heritage of mankind. Its responsibilities cover all mineral resources of the soil and subsoil of the seabed beyond the limits of national jurisdiction. Initially, the "economic" outlook of the Authority was limited to polymetallic nodules, but recently it included other mineral resources (in particular, polymetallic sulphides and cobalt-rich crusts). Furthermore, the Authority may be prompted to create an international "Enterprise", the mandate of which would extend beyond exploration and exploitation to encompass the transport, processing and marketing of resources.

The economic nature of the institution, together with its potential role, led various interest groups to adopt specific rules regarding the functioning of the Authority with a view to safeguarding definite interests. In particular, industrialized countries and the pioneer investors (seven States or industrial groups with an interest in the exploration of seabed resources that were registered by the Preparatory Commission for the International Seabed Authority and for the International Tribunal for the Law of the Sea ("the Preparatory Commission") established after the signature of the Convention).

Singularly, the Authority is empowered to organize and control the activities carried out in the Area for the purpose of administering its resources, even though their exploitation has not yet started 20 years after its creation and will not take place in the immediate future.

---

[3]   R.R. Churchill and V. Lowe, *The Law of the Sea*, Manchester University, 1999; Moritaka Hayashi, The 1994 Agreement for the universalization of the Law of the Sea Convention, *Ocean Development and International Law*, Vol. 27, (1-2), 1996, 31-39; Jean-Pierre Lévy, Les bons offices du Secrétaire général en faveur de l'universalité de la Convention des Nations Unies sur le droit de la mer: l'adoption de l'Accord du 28 juillet 1994, *Revue générale de droit international public*, No. 4, 1994, 871-898.

In 2004, the Authority celebrated its tenth anniversary, and the commemoration took place in a modest and temperate atmosphere, which was indicative of the ambiguity that surrounded its existence and its programme of work at that time. Its first 10 years had not allowed the Authority to convince the international community of its potential.[4]

In 2014, just 10 years later, as the 20th anniversary is being celebrated, these doubts have vanished and the international community fully recognizes the central role to be played by the Authority in managing and preserving the oceans, specifically the seabed area and its resources.

Today, even while keeping an eye on the development of its activities, the international community relies upon the Authority to monitor and coordinate the exploitation of the deep seabed. On the one hand, States wish to avoid the launching of important operations, which might be too costly or might have a negative impact on national initiatives. On the other hand, they hope for the sound development of the Authority in order to facilitate the rational management of deep seabed resources, the protection of the marine environment and the possibility of offering satisfying solutions to emerging problems.

The above considerations explain why after the establishment of the Authority (I) and after having ensured its financial viability (II), States have cooperated with the Authority in the acquisition of scientific knowledge in the Area (III) and have definitely accepted its pre-eminent role in the management of resources of the international seabed area (IV). While States have complete confidence in the Authority, they still wonder how, in the future, it will fulfil its responsibilities concerning the protection of the marine environment, the redistribution of the wealth of the extended continental shelf, and its possible involvement in the management of the genetic resources of the deep seabed and other resources such as "rare earths" (V).

---

[4] Jean-Pierre Lévy, La première décennie de l'Autorité Internationale des Fonds Marins, *Revue générale de droit international public*, No.1, 2005, 101-122.

I. The Organizational Phase

Given the complexity of the provisions of the Convention and, above all, of the 1994 Agreement which had modified the nature and the functioning of the international regime in the Area, a few years were necessary for setting up the main organs of the International Seabed Authority.[5]

1. The Assembly

In conformity with article 156, paragraph 2, of the Convention, all States Parties are ipso facto members of the Authority,[6] and, by virtue of article 160, the Assembly is considered the supreme organ of the Authority. However, its powers have been largely reduced by the 1994 Agreement, which makes the Council the pre-eminent organ. Thus, unlike the original provisions of the Convention, the 1994 Agreement, Annex, section 3, paragraph 1 states that "The general policies of the Authority shall be established by the Assembly in collaboration with the Council."

Decision-making should generally be by consensus. However, the Assembly may vote on procedural matters by a majority of members present and voting, and on substance by a two-third majority of members present and voting (article 159, paragraph 8, of the Convention).

As stated in the 1994 Agreement, Annex, section 3, paragraph 4:

> Decisions of the Assembly on any matter for which the Council also has competence or on any administrative, budgetary or financial matter shall be based on the recommendations of the Council. If the Assembly does not accept the recommendation of the Council on any matter, it shall return the matter to the Council for further consideration. The Council shall reconsider the matter in the light of the views expressed by the Assembly.

This back-and-forth procedure clearly illustrates a hierarchical reversal in favour of the Council, even though the text does not envision the ending of the process.

The first session of the Assembly was held in three parts: a short ceremonial session for the entry into force of the Convention, followed by two substantive sessions.

---

[5]   See Michael C. Wood, International Seabed Authority: the First Four years, *Max Planck Yearbook of United Nations Law*, Vol. 3, 1999, 173-241.

[6]   As of 1 January 2014, 165 States and the European Union were members of the Authority.

At the resumed first session in February 1995, the bureau of the Assembly was elected under Ambassador Hasjim Djalal's chairmanship (Indonesia). The Assembly was thus in a position to start its work immediately and to adopt its rules of procedure by the end of that session. It was then incumbent upon the Assembly to elect the 36-member Council in accordance with the relevant provisions of the 1994 Agreement. To this end, President Djalal embarked on a series of painstaking consultations, which extended over a year.

Since the first election of members of the Council, which was especially difficult, together with the first election of members of the Finance Committee ("the FC") in the course of the year 1996, the Assembly has been sitting like a kind of "Upper House", whose role is to sanction the discussions and decisions of the Council. By doing so, the Assembly follows the 1994 Agreement in letter and spirit.

2. The Council

The Council comprises 36 members: they are divided into five groups and are elected by the Assembly in a certain order. Furthermore, in order to find a solution to some major difficulties encountered at the first election, a system of rotation was established in each group by which some States were elected for two years, while others were elected for four years. This practice was later used, at times, among some groups, in order to give a larger number of States the opportunity to sit in the Council.

In accordance with the Convention and the 1994 Agreement, the 36 members are elected as follows:[7]

A   **4 members** are elected from among those States Parties which, during the last five years for which statistics are available, have either consumed more than two per cent in value terms of total world consumption or have had net imports of more than two per cent in value terms of total world imports of the commodities produced from the categories of minerals to be derived from the Area, including the State from the Eastern European region having the largest economy in the region (actually the Russian Federation), together with the State having the largest economy in terms of gross domestic product on the date of entry into force of the Convention (actually the United States of America).

B   **4 members** are elected from among the eight States Parties, which have made the largest investments in activities carried out in the Area.

C   **4 members** are elected from among States Parties, which are major net exporters of the categories of minerals to be derived from the Area, including at least two developing States whose exports of such minerals have a substantial bearing upon their economies.

D   **6 members** are elected from among developing States Parties, representing special interests.

E   **18 members** are elected according to the principle of ensuring an equitable geographical distribution of seats in the Council as a whole.

---

[7]   Each group of States belonging to the first three categories (A, B, C) shall constitute a chamber for the purpose of voting while States belonging to the last two categories (D, E) shall be treated as a single chamber for the purpose of voting.

The issue of geographical representation has recently taken an unanticipated turn since several States, which belonged to the Eastern European Group in times past are now part of the European Union. Given that the composition of a number of organs is based on the number of representatives from various regional groups, a logical approach would require an updating of the traditional distribution formula.[8]

As a general rule, decisions on questions of substance in the Council are to be taken by consensus. In the absence of consensus, those decisions are taken by a two-thirds majority of members present and voting, provided that such decisions are not opposed by a majority in any of the chambers representing the categories of States, as mentioned in article 161 of the Convention. It should be noted that abstentions within a chamber would reduce the number of negative votes required.[9]

Decision-making by consensus is the rule relating to the provisions of article 162, paragraph 2(m) and (o), of the Convention; that is those referring to the system of compensation and measures of economic assistance; those relating to the sharing of benefits derived from the exploitation of the outer continental shelf in accordance with article 82 of the Convention, as well as rules, regulations and procedures relating to the management of the Area and its resources, and to the financial and internal administration of the Authority as well as the adoption of amendments to Part XI.

Given the complexity of the provisions of the 1994 Agreement, it was only towards the end of the first part of the second session of the Authority, in March 1996, that an agreement was reached concerning the composition of the Council, thus allowing the election of its members to take place.

As a result of the first election of members of the Council, in 1996, the composition of the five chambers was as follows:

Chamber A	Japan, Russian Federation, United Kingdom, United States of America
Chamber B	China, France, Germany, India
Chamber C	Canada, Chile, Indonesia, Zambia
Chamber D	Bangladesh, Brazil, Cameroon, Nigeria, Oman, Trinidad and Tobago

---

[8] This question arises for the Authority, but is also faced by a number of international organizations. A global answer should be found quickly. To illustrate the absence of any decision on this issue, let us recall that during the commemoration of the 10th anniversary of the Authority, it was the representative of the Czech Republic (a member of the European Union) who took the floor on behalf of the Group of Eastern European States (former socialist States).

[9] R. Wolfrum, The Decision-Making Process According to Sec. 3 of the Annex to the Implementation Agreement: A Model to be Followed for other International Economic Organizations?, *ZaoRV,* 55 (2), 1995, 310-328.

Chamber E	Argentina, Austria, Cuba, Egypt, Italy, Kenya, Malaysia, Namibia, Netherlands, Paraguay, Philippines, Poland, Republic of Korea, Senegal, South Africa, Sudan, Tunisia, Ukraine (plus Jamaica as the "floating seat")

Indeed, it was decided that Jamaica could participate in the deliberations, without a right to vote, in accordance with an agreement reached concerning a "floating seat". In negotiating the composition of the Council, two provisions were taken into consideration: on the one hand, the geographical distribution of seats within the "chambers"; on the other, the requirements for the regional groups to have a representation proportionate to their respective importance. The solution was to add a 37th member to the Council, which would not have the right to vote and which would be selected yearly from among the members of the different groups, with the exception of the Eastern European group.[10]

As of 1998, it has been the practice to proceed to a partial election of members of the Council every two years. However, the United States and Canada, having lost their status of provisional members (see II infra) as of 16 November 1998, were replaced within the Council by Italy and Australia in 1999 without prejudice to the general elections due to take place after four years.[11]

The last election took place in 2012 during the eighteenth session and led to the following composition of the Council for 2013:[12]

Chamber A	China, Italy, Japan, Russian Federation
Chamber B	France, Germany, India, Republic of Korea
Chamber C	Australia, Canada, Chile, South Africa

---

[10] The agreed allocation of seats on the Council is 10 seats to the African Group, 9 seats to the Asian Group, 8 seats to the Western European and Others Group, 7 seats to the Latin American and Caribbean Group and 3 seats to the Eastern European Group. The additional seat (37th) is listed in chamber E which thus has 19 seats instead of 18. In 2012, Qatar, on behalf of the Asian Group, participated in the meetings of the Council without the right to vote, and in 2013 it was Brazil, on behalf of the Latin American and Caribbean Group.

[11] The provisional membership was linked to the provisional application of the 1994 Agreement; see A/RES/48/263, dated 17 August 1994.

[12] Canada ratified the Convention on 7 November 2003, which allowed it to get a seat in the Council at its renewal in 2004. Furthermore, the U.S. Senate has regularly started an internal procedure that should enable one day the accession of the United States of America to the Convention. The process has never been completed; however, that accession cannot be excluded in the future. In this case, as agreed among States concerned, the United States of America would occupy the seat currently held by Italy in the Council.

Chamber D	Bangladesh, Brazil, Egypt, Fiji, Jamaica, Uganda
Chamber E	Argentina, Cameroon, Côte d'Ivoire, Czech Republic, Guyana, Indonesia, Kenya, Mexico, Mozambique, Namibia, Nigeria, Netherlands, Poland, Senegal, Spain, Sri Lanka, Trinidad and Tobago, United Kingdom, Viet Nam[13]

It cannot be excluded that at some point in the future the issue of the composition of the Council may be raised. Indeed, the composition of its various chambers, in particular of Chamber A (major economies, consumption or imports of more than two per cent of commodities produced from minerals found in the Area), Chamber B (major investors in the Area) and Chamber C (major producers of metals contained in nodules), is exclusively based on the prospective exploitation of polymetallic nodules, and their contents in nickel, cobalt, copper and manganese. The logic, which had prevailed in the adoption of rules relating to the composition of the Council, may be questioned in the future inasmuch as other minerals might be exploited and the economic level of States might greatly vary. The next partial election will take place in 2014.

3. The Secretariat

In 1983, the United Nations Division for Ocean Affairs and the Law of the Sea ("DOALOS") opened an office in Kingston. Up to 1994, this office was used primarily during the sessions of the Preparatory Commission and received its funding from the United Nations regular budget. Between November 1994, following the entry into force of the Convention, and May 1996, when the Assembly had not succeeded in electing the Council, which prevented the election of the Secretary-General, the Director of DOALOS oversaw the management of the Authority, and the Kingston office acted as the secretariat for the new institution.

Mr. Satya Nandan (Fiji) was elected Secretary-General in March 1996 and assumed the administrative responsibilities of the Authority as of 1 June 1996. For reasons of efficiency, he accepted the transfer of the Kingston office's staff to the Authority, which occupied the premises formerly used by the Kingston office.[14]

Mr. Nandan was re-elected in 2000, and again in 2004. The submission by the African Group of another candidate in 2004 led to a vote with the following results: 48 votes in favour of Mr. Nandan, 28 votes for the Sudanese Ambassador to Norway, Mr. Charles d'Awol, and one invalid vote.

As the third election had required a vote, Mr. Nandan did not seek re-election during the 15th session (2008), and the sole candidate, his deputy Mr. Nii Allotey

---

[13] In 2014, in accordance with an agreement within the Western European and others group, Norway will replace Spain in chamber E.

[14] There are currently some 40 posts in the secretariat, just under half of which are general service staff.

Odunton, of Ghana, was elected by acclamation on 5 June 2008. He was re-elected for another four-year term during the 18th session in 2012.

4. The Finance Committee

The eventual creation of a specialized financial body by the Assembly was contained in the Convention, article 162, paragraph 2(y), without any specifics mentioned. However, in order to ensure sound financial practices, the 1994 Agreement elaborated the composition, structure, mandate and functioning details of the Finance Committee ("the FC"), whose responsibility is to guarantee the validity of expenses requests emanating from the executive or administrative organs of the Authority.

It should be emphasized that, as long as the budget of the Authority is financed by States, the 15 members of the FC must comprise representatives from each of the five major contributors to the budget. During the first election, at a time when the United States of America were still provisional members of the Authority, this provision allowed the five members by right to be identified as follows: the United States of America, Japan, the Russian Federation, Germany and France.

At the August 1996 session (second part of the second session), the Assembly elected 15 members of the FC to serve a five-year term running from 1 January 1997. A number of consultations were necessary in order to take into account some provisions of the 1994 Agreement that required meeting several conditions, inter alia: an equitable geographical distribution, one member at least from each Chamber – A, B, C and D – of the Council, and representatives from the five largest financial contributors to the administrative budget of the Authority.

After the United States of America had lost its provisional member status, and after the reduction of the Russian Federation contribution, the five members then became: Japan, Germany, France, the United Kingdom and Italy.

The FC members were re-elected in 2001, 2006 and 2011 without major difficulties, as each time only 15 candidates were presented.

All matters having financial implications, including the budget of the Authority and contributions by States, must first be submitted to the FC. The Council and the Assembly, before adopting any decision having financial implications, have to take into account recommendations by the FC. The FC must take decisions having financial implications by consensus.

5. The Legal and Technical Commission

Part XI of the Convention, articles 164 and 165, provides for the creation of two Commissions: the Economic Planning Commission and the Legal and Technical Commission ("the LTC). The Economic Planning Commission was initially set up to, inter alia, "propose to the Council ... a system of compensation or other measures of economic adjustment assistance for developing States which suffer adverse effects caused by activities in the Area". It has not been necessary to set it up as an organ because, pursuant to the 1994 Agreement, the LTC performs its functions. However, it could be re-established by decision of the Council, in particular at the time of approval of the first plan for exploitation.

The only subsisting Commission, namely the LTC, in conformity with the provisions of the Convention, is responsible for examining requests for approval of plans of work for the exploration and exploitation of deep seabed resources. It is also responsible for drafting rules and regulations on the exploration and exploitation of resources, to be submitted to the Council.

In principle, the LTC is composed of 15 experts elected by the Council. In order to avoid protracted negotiations regarding the allocation of seats to the regional groups, the President of the Council decided to take advantage of a provision of the Convention, which allowed the Council to increase the size of the Commission, and submitted the 22 candidates that had been presented for election. They were all elected for a five-year term in August 1996.

Following a similar procedure for the renewal of the Commission in 2001, 24 experts were elected for a further five years, and in 2006, 25 experts were elected. Considering this increase in the number of experts, it was decided that, for the election of 2011, the membership of the Commission should not exceed 25.

The work of this Commission is essential to the extent that it has the responsibility to manage exploration licences given to contractors and to draw up draft rules and regulations with respect to the management of deep seabed resources. The drafted texts are then submitted to the Council for consideration and decision. The Council must take into account the recommendations of the Commission while elaborating rules, regulations and procedures for exploration and exploitation, in accordance with article 162 (2)(o)(ii).

6. The Enterprise

In conformity with the Convention, the Enterprise was intended to represent a central feature of the international regime as it allowed for the development of deep seabed resources independently of the participation of States or private corporations. The Enterprise was considered the operational arm of the Authority and was thus expected to embody the concept of a new world economic order. In accordance with the provisions of the Convention, it was meant to be both an independent firm as well as an industrial and commercial international corporation. It was supposed to get an economic advantage over States interested in the exploitation of the deep seabed as they had to provide the Enterprise with the funds necessary for the exploration and exploitation of one mine site and to transfer their technology, i.e. to assist a competitor. As this arrangement was unacceptable to industrialised States, its independence and financing were suppressed by the 1994 Agreement. Its existence is maintained but its establishment and functioning are now subjected to restrictive conditions.

As per the 1994 Agreement, Annex, section 2, paragraph 1: "The Secretariat of the Authority shall perform the functions of the Enterprise until it begins to operate independently of the Secretariat." Upon its establishment, a staff member of the Authority acted as interim director-general of the Enterprise and some of its functions were entrusted to the Secretariat of the Authority. Nothing was to mark its independence, originality or legal personality.

Paragraph 2 mentions:

> Upon the approval of a plan of work for exploitation for an entity other than the Enterprise, or upon receipt by the Council of an application for a joint-venture operation with the Enterprise, the Council shall take up the issue of the functioning of the Enterprise independently of the Secretariat of the Authority. If joint-venture operations with the Enterprise accord with sound commercial principles, the Council shall issue a directive pursuant to article 170, paragraph 2, of the Convention providing for such independent functioning.[15]

Thus, the Enterprise will have to conduct its operations through joint ventures with an operator. A decision by the Council of the Authority will determine whether or not the joint venture operation is in conformity with sound commercial principles.

---

[15] A/RES/48/263 dated 17 August 1994, Annex, section 2, paragraph 2.

II. The Finances of the Authority

During its first three years of existence (1995-1997), the administrative expenses of the Authority were met through the United Nations budget, in conformity with the provisions of the 1994 Agreement, stipulating in Annex, section 1, paragraph 14, of its Annex, that it would be so until the year following its entry into force, which occurred on 28 July 1996.

Thus the initial budgets of the Authority were financed by the United Nations budget, and not by contributions of its members, as stipulated in article 171 of the Convention. To a certain extent, this was done to counterbalance the possibility for certain States, which had not yet ratified the Convention – such as the United States of America or Canada – to become provisional members of the Authority while gathering the support from the group of developing countries.

1. Financing by the United Nations Budget

During the preparation of the 1995-1996 budgets, the ISBA organs had not yet been established and the Secretary-General had not yet been elected. The Director of the DOALOS, who was in charge of administering the ISBA, in the absence of an elected official, adopted a conservative approach by submitting budgets of approximately US$2.5 million, roughly equalling the cost of the former Office of the Law of the Sea, which had been created in Kingston in 1983 and had served the Preparatory Commission meetings.

As soon as he took office in mid-96, the newly elected Secretary-General prepared a draft budget for the year 1997, which was submitted to the FC before submission to the United Nations. This budget reflected, for the first time, the transformation of a service bureau attached to a United Nations division into a secretariat serving an independent institution. Consequently, this budget amounted to approximately US$4,150,000. This included US$2,750,000, which covered administrative expenses – such as personnel salaries and general expenses – and US$1.5 million, which covered conference services, i.e. expenses relating to two yearly meetings of 15 days each.

2. Financing by States

The budget for 1998 was the first one for which financing would be covered by States' contributions. However, the Authority had a "war chest" at its disposal, which consisted of a special fund to which the pioneer investors had contributed at the time of their registration with the Preparatory Commission. It had been transferred to the Authority after having been managed by DOALOS. At that time it contained close to US$3 million.

The 1998 budget was US$4,703,900, including US$3,328,100 covering administrative expenses and US$1,375,800 for conference services. In addition, it was decided to create a working capital fund of US$392,000 to be paid in two instalments during the years 1998-1999.

The implementation of the 1998 budget presented some difficulties for the Secretary-General because some States had not made the necessary budgetary arrangements, while others had not paid their contributions. It was the case, in particular, of the United States of America whose contribution, similar to their United Nations contribution, was established at 25 per cent of the total budget.

The 1999 budget was US$5,011,700, including US$3,811,400 covering administrative expenses and US$1,200,300 for conference services. The ISA budget for the year 2000 was US$5,275,200.

During the resumed 6th session, held in July 2000, the FC had to examine, for the first time, a draft biennial budget for the years 2001-2002, instead of an annual budget. The ISA had decided to adopt a more convenient biennial cycle, although the Convention stipulated a yearly budget, in article 172.

This change had not been included in the 1994 Agreement. The ISA decided to ignore this provision from the Convention. Members of the FC wriggled out of this situation by pulling off a "fanciful twist", arguing that in fact the biennial budget would have to be paid in two annual instalments.

SUMMARY OF 1995-2014 BUDGETS (IN US$)

YEAR	AMOUNT
1995-1996	Annual Budgets of $2.5 million contributed by the United Nations
1997	$4,150,500 contributed by the United Nations
1998	$4,703,900 contributed by States
1999	$5,011,700
2000	$5,275,200
2001-2002	$10,426,000

2003-2004	$10,509,700
2005-2006	$10,816,700
2007-2008	$11,782,400
2009-2010	$12,516,500
2011-2012	$13,014,700
2013-2014	$14,312,948*

*This budget increased by 9.97 per cent over the previous biennial budget in spite of the restrictive policies adopted by most States which were confronted by an almost worldwide financial and economic crisis. However, the increase was justified by the newly acquired importance of the Authority, which had granted four exploration licences during the 17th session and five exploration licences during the 18th session which, including eight previously granted licences, amounted to a total of 17 licences. In the light of this development, the Authority decided to hold two meetings of the LTC in 2013 and 2014, instead of one as in previous years.

3. Scale of Assessments

While a new budget was being adopted for the year 1998, the first to be paid by States, the Authority also had to adopt a scale of assessments.

It is important to recall how this scale was established. The UN scale of assessments is generally based on "the capacity of States to pay", and uses a number of criteria, including gross national income (GNI) converted into US$, a reference period (average income over a period of three-six years), a debt exemption and a low-income exemption per capita. In addition, both a ceiling and a floor are established, which initially were respectively set at 25 per cent and 0.01 per cent. In keeping with UN practice, the following year's budget is based on the current year's scale.[16]

---

[16] The 1999 budget encountered some difficulties. Within the United Nations, the scale for 1998 was going to be modified for the following year to the benefit of the Russian Federation whose scale of assessments would decrease from 2.87% to 1.48%. This delegation was against the adoption of the scale during its presentation to the Assembly and requested that the following year's scale be applied.

Since the Assembly was not able to achieve consensus on this matter, it became necessary to organize a resumed 4th session in New York on 12 and 13 October 1998. Following a vote, it was decided to maintain the initial proposition to allow the application of the 1998 scale. It was also decided that the latter would be calculated after 16 November 1998, when some States would lose provisional membership. This decision would allow the Authority to prepare a more realistic scale for 1999.

In conformity with article 160, paragraph 2 (e) of the Convention, and rule 6.2 of the Financial Regulations of the ISA, the scale of assessments of the Authority "must be based" on that of the United Nations.

During the Authority's 7th session (2001), Japan requested the reduction of the ceiling of contributions from 25 per cent to 22 per cent in accordance with a decision taken by the United Nations General Assembly during its 2000 session in favour of its major contributor, the United States of America. This decision was part of a political deal with the reduction being counterpart to the agreement by the United States to pay some of its arrears.

In the absence of the United States of America's participation, Japan had become the largest contributor to the Authority. Since the Authority's scale of assessments was based on the operating principle of the United Nations, the precedent set by the UN, already adopted within other international organisations, had to be applied to the Authority.

Thus, similar to the United Nations practice, when the contribution of the largest contributor is higher than 22 per cent, it is decreased to this rate and when it is less the percentage obtained is applied. Accordingly, as of the 2003/2004 budget, the Authority adopted a ceiling of 22 per cent and a floor of 0.01 per cent. The ceiling of 22 per cent was applied to Japan as its rate exceeded this amount.

The same question was raised in 2010 during the adoption of the 2011/2012 budget. At this time, the rate applicable to Japan within the United Nations was reduced to 12.5 per cent, which, considering the lower number of States Parties to the Authority, was equivalent to 16.5 per cent for the Authority.

Concerning the scale of contributions, Japan had formally requested that its share be lowered from 22 per cent – the ceiling previously established by the Authority – to 16.5 per cent. In spite of the fact that this was a strict implementation of the rules, the consensus to set Japan's contribution to 16.5 per cent and consequently adopt a new scale of assessments[17] was reached only after a prolonged discussion.

4. European Community's Contribution

The Convention and the 1994 Agreement entered into force for the European Community (EC) on 1 May 1998. The matter of its contribution had to be settled. While negotiating the amount of its contribution, the EC was pursuing several objectives. The EC's representative to the Authority noted that:

> short of avoiding all financial contributions, the EC would have liked, in the absence of a specific mention of financial participation, to contribute, for each session, only to administrative expenses relating to its own participation in the session.[18]

---

[17] In conformity with this new scale, the contribution of France was fixed at 8.105% corresponding to an amount of approximately US$ 519,000, with the understanding that the Secretariat would use the surplus from the previous exercise to reduce the contributions of States.

[18] See Alain-Pierre Allo, L'entrée en vigueur à l'égard de la Communauté Européenne de la Convention des Nations Unies sur le droit de la mer du 10 décembre 1982 et de l'Accord du 28 Juillet 1994 relatif à l'application de la partie XI de la Convention, *Espaces et ressources maritimes,* No. 11, 1997, 11-33.

The EC's views on the matter became the subject of numerous discussions and negotiations. It obtained only partial satisfaction, but on essential questions. It was understood that the EC's contribution would be treated differently from that of Member States, that it would not be calculated as a percentage representing a share and that it would be a flat-rate contribution, an amount discussed between the EC and the Authority. This amount could be revised, depending on the total budget as well as on contributions by other member States.

The document[19] presented by the EC and accepted by the Authority makes a distinction between the EC's contribution and that of States. This document specifies that:

> ... the contribution to the budget of the Authority by the European Community is different in nature from the assessed contributions of States members, and has to be agreed upon between the Community and the Authority before its final determination.

Therefore, the EC contribution does not appear on the list of contributions by States, which are equivalent to 100 per cent of the required amounts. It is discussed within the FC and constitutes one of its recommendations.

The initial amount contributed by the EC to the 1998 budget was US$75,000 and US$4,000 to the working capital fund. During the resumed 4th session (summer 1998), the EC agreed to raise its contribution and to pay a flat rate of US$80,000 to the 1999 budget and US$4,000 to the working capital fund. This amount was maintained in 2000, thus confirming that it was indeed a flat-rate contribution.

Starting in 2009/2010, the EC raised its contribution to US$100,000. On this occasion, the General Assembly of the Authority noted "that the agreed annual contribution of the European Community will be increased from US$80,000 to US$100,000 and will be reviewed every four years".[20]

5. Major Contributors

The list of major contributors, as well as the exact amount of payments made by States Parties, has changed over the years for three reasons:

1. The number of States Parties to the Convention (hence, to the Authority) has regularly increased;

2. The "payment capacity" of States has varied depending on their economic situation;

3. When the Authority had a "surplus" for a given year, the surplus was credited to the following year's budget in accordance with the Financial Regulations and deducted from the amounts owed by States.

---

[19] Communication on behalf of the European Community to the Members of the International Seabed Authority. ISBA/4/A/16, dated 27 August 1998.

[20] Decision of the Assembly of the International Seabed Authority relating to the budget of the Authority for the financial period 2009-2010. ISBA/14/A/8, dated 6 June 2008.

MAJOR CONTRIBUTORS, 2000 (CEILING: 25%; FLOOR: 0.01%)

STATES	RATES	APPROXIMATE AMOUNTS (IN US$)
Japan	25%	$1,200,000
Germany	15%	$760,000
France	10%	$500,000
Italy	8.3%	$420,000
United Kingdom	7.8%	$395,000
Spain	4%	$200,000
Netherlands	2.5%	$125,000
Australia	2.3%	$115,000
Brazil	2.26%	$109,380 (largest contributor among developing countries)

MAJOR CONTRIBUTORS, 2012 (CEILING: 22%; FLOOR: 0.01%)[21]

STATES	RATES	AMOUNTS (IN US$)
Japan	16.539%	$1,167,081
Germany	10.583%	$746,820
United Kingdom	8.717%	$615,116
France	8.082%	$570,314

[21] The complete list is annexed to the report of the Finance Committee dated 20 July 2012. ISBA/18/A/4 - ISBA/18/C/12.

Italy	6.598%	$465,621
Canada	4,233%	$298,709
China	4.209%	$297,033
Spain	4.194%	$295,915
Mexico	3.110%	$219,445
Republic of Korea	2.983%	$210,503

6. Establishment of Two Funds

Voluntary Trust Fund

In 2002, during the Authority's 8th session, it was decided to create a "Voluntary Trust Fund" in order to cover participation of members of the LTC and of the FC from developing countries to meetings of both committees. The modalities for supplying this Fund were specified during the 9th session. In particular, it was decided to allow the Secretary-General to draw a certain amount from extra-budgetary resources under his custody.[22]

The amounts contributed to this Fund were never sufficient to cover the participation of all applicants from developing countries. In these situations, it was decided to authorise a transfer of some of the interests from the Fund constituted by payments made by pioneer investors, pending approval of the decision by the FC, and then by the Council and the General Assembly. This temporary practice adopted during the first years became institutionalized for several years upon creation of the Special Endowment Fund in 2006. The voluntary contributions never met members' expectations and on 3 July 2013, the Fund's balance stood at US$144,452.

Special Endowment Fund

During the 11th session held in 2005, after three years of latent crisis, a solution was found concerning the treatment of payments by pioneer investors plus interest income.

Upon a recommendation by the FC, the Council, then the Assembly, requested the Secretary-General to submit a detailed proposal, in 2006, for the transfer of the existing balance of the pioneer investors' account into a special endowment fund. The income could be used for appropriate purposes, upon decision by the General Assembly, following recommendations by the Council and the FC.

---

[22] Report of the Finance Committee. Document ISBA/9/A/5, dated 4 August 2003.

During the 12th session (2006), the Authority created an endowment fund in order to finance attendance by experts from developing countries at marine scientific research programmes as well as their participation in scientific cooperation activities in the Area.

Generally speaking, the text of the Special Endowment Fund Terms of Reference, Guidelines and Procedure[23] corresponds with the criteria that had been formulated by most of the delegations that had taken positions on the subject, in particular:

- only interest accrued from the Fund can be utilized;
- the Fund is aimed at financing participation by developing countries' experts in scientific programmes and at financing consultants hired to provide technical assistance for the benefit of developing countries;
- the publication of reports and other information on the outcomes of training programmes will be subjected to any confidentiality clauses that may be requested by the institution or entity concerned; and
- the Fund is managed by the Secretary-General with the assistance of an advisory panel of six to nine persons, in order to avoid unnecessary administrative expenses.

On 30 June 2007, the Fund's balance stood at approximately US$3 million, which would facilitate the annual disbursement of approximately US$150,000. On 30 June 2011, the Fund's balance stood at US$3,355,015, including US$90,477 of accrued interest that might be utilized to finance researchers from developing countries. However, starting in 2008 decreasing interest rates led to a reduction of income and the 2013/2014 budget showed that only US$2,357 had accrued in interest. This amount was definitely too low to finance the participation of experts in research programmes. This situation encouraged the FC to recommend investing the Fund's capital differently in order to earn higher interest rates. As of 30 June 2013, the account's balance was at US$3,428,932, and in spite of some contributions only US$36,984 in interest earnings were collected for eventual distribution.

---

[23] Draft proposal to establish an International Seabed Authority Endowment Fund: ISBA/12/FC/L.1, dated 3 July 2006; Resolution establishing an Endowment Fund for Marine Scientific Research in the Area: ISBA/12/A/11, dated 16 August 2006; and Draft decision of the Assembly of the International Seabed Authority relating to the terms of reference, guidelines and procedures for the International Seabed Authority Endowment Fund: ISBA/13/A/L.2, Annex, dated 17 July 2007.

III. *Promoting Scientific Knowledge of Seabed Resources*

The Authority's work programme is derived directly from the Convention and the 1994 Agreement. After the organizational phase, the Authority began to adopt an exploration code for polymetallic nodules and concluded contracts with the pioneer investors registered by the Preparatory Commission. It also enhanced knowledge of the deep seabed through the convening of groups of experts and scientific workshops. It, then, drafted exploration codes for polymetallic sulphides and cobalt-rich crusts. As of 2013, it started the preparation of mining codes for exploitation.

While preparing for the exploitation phase, the Authority continues to develop its activities in the areas of protection of the environment and deep seabed scientific research.

1. The Convening of Workshops, Seminars and Meetings

The meetings of specialists on matters that were part of the mandate of the Authority represented the most tangible aspect of its activities in the first years of its existence. Those meetings were, above all, aimed at enabling the Secretariat to gather the necessary elements for drawing up the draft regulations on which the LTC had to elaborate. They were also designed to enable the Authority to develop its relationships and to establish itself as a centre of reference and possibly as a coordinator of scientific programmes concerning the deep seabed area.

These workshops were devoted to: scientific and technical aspects of the exploration and exploitation of deep seabed minerals; the environmental impact of such activities; collating and disseminating data and information gathered by various scientific establishments among member States. These workshops enabled the Authority to gather experts' views on subjects under its mandate and to be apprised of the latest results in the field of marine scientific research.

List of Major Workshops, Seminars and Meetings:

Since 1998, the Authority has organized one or two workshops or groups of experts annually:

1998: The first workshop was convened from 1 to 5 June at Sanya (China) with a view to developing guidelines for the assessment of potential environmental impacts arising from the exploration of polymetallic nodules. One of the objectives was to elaborate on a programme of environmental monitoring, including specific parameters, the periodicity of measurements to be carried out, and the methods to be used in order to enable the Authority to develop guidelines for contractors in their exploration activities.

1999: A group of experts met in Kingston from 24 to 26 March to establish a standard plan for research relating to the environmental impact arising from mining exploitation in the deep seabed area.

A second workshop was convened at the headquarters of the Authority from 2 to 6 August during which guest experts reviewed the state of knowledge concerning technologies of deep seabed mining and their future development.

2000: A third workshop, held from 26 to 30 June, was devoted to deep sea resources other than polymetallic nodules. These included polymetallic sulphides, cobalt-rich crusts and methane hydrates.

2001: A fourth workshop took place in Kingston from 25 to 29 June. It focused on the standardization of environmental data and information and was aimed at developing environmental guidelines for further consideration by the LTC.

2002: The following year, from 29 July to 2 August, the Authority furthered its work on protection of the environment by staging a workshop on prospects for collaboration in marine environmental research aimed at enhancing understanding of the deep-sea environment. This workshop led to the Kaplan project[24] as well as the establishment of a new means of international cooperation.

2003: The LTC completed the draft guidelines on protection of environment for submission to the Council of the Authority. Subsequent to the approval of the guidelines by the Council, the Authority embarked on preparing a geological model to be applied to the Clarion-Clipperton Zone ("the CCZ"). From 13 to 17 January, a working group met in Kingston to prepare an outline for the establishment of a geological model and to define the programme of a seminar on the same topic. This seminar subsequently took place in Suva (Fiji) from 13 to 20 May.

During the meeting in Fiji, the experts recommended a work programme that would pave the way for the development of a model within three or four years. This programme of work was divided into three phases: acquisition of data, analysis and finally integration into a geological model that would apply to all resources in the Area and would encompass all parameters related to abundance and metal content of polymetallic nodules.

2004: A workshop was held in Kingston during the week of 6 to 10 September, in spite of the hurricane that hit Jamaica by the end of that week. It emphasised the importance of data and information that are required to establish environmental baselines for polymetallic sulphides and cobalt-rich crusts.

---

[24] The Kaplan project is a good example of collaboration between a group of scientists and institutions from several States and the Authority. It was financed mainly by the J.M. Kaplan Fund with additional funding from the Authority. It was launched in 2002 and ended in 2007. Its main objective was to study biodiversity, species range and gene flow in the abyssal Pacific nodule province.

A meeting of a group of experts was convened from 6 to 10 December to further study the elaboration of the geological model for the CCZ, which had been launched the previous year.

2005: A meeting was held in May with all the contractors in order to establish close cooperation with them and to ensure that they would contribute to the geological model of the CCZ. It was essential to obtain all the data they had gathered.

2006: A workshop devoted to cobalt-rich crusts and the diversity of distribution patterns of seamount fauna was held from 27 to 31 March. Another workshop on mining cobalt-rich ferromanganese crusts and polymetallic sulphides deposits was convened from 31 July to 4 August.

2007: As a follow-up to the Kaplan project, a group of scientists, including a few of those who had previously worked on this project, met in October in order to develop preliminary recommendations concerning the size and location of a network of representative preservation zones in the CCZ.

2008: Another workshop took place in February in Chennai, India, at the National Institute for Ocean Technology. The objective of the workshop, which was organized in collaboration with the Ministry of Earth Sciences of India, was to build a preliminary cost model for a deep seabed polymetallic nodule mining and processing venture.

2009: In February, in cooperation with the Royal Institute of International Affairs (Chatham House) of United Kingdom, an independent policy research institution, the Authority organized a workshop devoted to issues relating to the implementation of article 82.[25]

The project, which was launched in Fiji in 2003 (see above), was completed in December 2009 with the convening, in Kingston, of a workshop on the geological model of the CCZ.[26]

2010: In November, the Authority convened an international workshop in order to establish a regional plan for the environmental management of the CCZ, following the recommendation made by the LTC at the 15th session of the Authority.

2011: In November, in cooperation with the Government of Fiji and the Applied Geoscience and Technology Division of the Secretariat of the Pacific Community, the Authority organized a workshop on environmental management needs for the exploration and exploitation of deep seabed mineral resources.

2012: In July, the Authority organized a meeting in Kingston with the contractors to plan for the environmental management of the CCZ.

In November, in collaboration with the China Institute for Marine Affairs of the State Oceanic Administration of China (CIMA), a workshop was held on the

---

[25] The Authority commissioned two studies: the first on matters relating to questions relative to the implementation of article 82 from legal and political perspective; and the second on technical questions relating to resources to be found in the outer continental shelf. Both studies were revised in light of views expressed by participants at the seminar and have since been published as Technical Studies no. 4 (December 2009) and no. 5 (May 2010) by the Authority.

[26] The results of the study, the geological model and a Prospector's Guide, were then published by the Authority as Technical Study No.6. The model consists of a series of maps and tables, in numerical and paper versions, describing the expected metal content and abundance of mine sites in the CCZ.

implementation of article 82 of the Convention. It focussed on the sharing of benefits derived from the exploitation of mineral resources of the continental shelf beyond 200 miles.

2013: The Authority convened its first Taxonomic Exchange Workshop for Exploration Contract Areas in the CCZ at the Senckenberg am Meer, Marine Research Department, Wilhelmshaven, Germany, from 10 to 15 June 2013.

The workshop was the first of three and focused on megafauna while the two subsequent workshops will focus on macrofauna and meiofauna in contract areas.

SUMMARY OF MAJOR WORKSHOPS, SEMINARS AND MEETINGS (1998-2013)[27]

(source : www.isa.org.jm)

1998	Deep Seabed Polymetallic Nodule Exploration: Development of Environmental Guidelines, Sanya, China (1-5 June)
1999	Workshop on the Proposed Technologies for Deep Seabed Mining of Polymetallic Nodules. Kingston, Jamaica (3-6 August)
2000	Workshop on Minerals other than Polymetallic Nodules of the International Seabed Area. Kingston, Jamaica (26-30 June)
2001	Harmonisation Workshop on the Standardization of Environmental Data and Information: Development and Guidelines. Kingston, Jamaica (25-29 June)
2002	Workshop on Prospects for International Collaboration in Marine Environmental Research to Enhance Understanding of the Deep-sea Environment. Kingston, Jamaica (29 July-2 August)
2003	Workshop on the Establishment of a Geological Model of Polymetallic Nodule Resources in the Clarion-Clipperton Fracture Zone (CCZ) of the Equatorial North Pacific Ocean. Nadi, Fiji (13-20 May)
2004	Workshop on Polymetallic Sulphides and Cobalt-Rich Ferromanganese Crusts Deposits: Establishment of Environmental Baselines and an Associated Monitoring Programme During Exploration. Kingston, Jamaica (6-10 September)

---

[27] Relevant publications are listed in Annex II.

2005	Meeting between the Secretariat of the Authority and the contractors to ensure close cooperation in the development of the geological model for the CCZ. Kingston (25-27 May)
2006	Workshop on Cobalt-Rich Crusts and the Diversity of Distribution Patterns of Seamount Fauna. Kingston, Jamaica (27-31 March)
2006	Workshop on Mining Cobalt-Rich Ferromanganese Crusts and Polymetallic Sulphides Deposits: Technological and Economic Considerations. Kingston, Jamaica (31 July-4 August)
2007	Preliminary recommendations concerning the size and location of a network of representative preservation zones in the CCZ, Hawai.
2008	Workshop on Polymetallic Nodule Mining Technology: Current Status and Challenges Ahead. Chennai, India (18-22 February)
2009	Preliminary study of issues associated with implementation of article 82 of the Convention. Chatham House, United Kingdom (February)
2009	Workshop on the Finalization of the Geological Model of the CCZ. Kingston, Jamaica (14-17 December)
2010	International Workshop for the Establishment of a Regional Environmental Management Plan for the CCZ Central Pacific. Kingston, Jamaica (8-12 November)
2011	International Workshop on Environmental Management Needs for Exploration and Exploitation of Deep Seabed Minerals. Nadi, Fiji (29 Nov - 2 Dec)
2012	Meeting of contractors with the Authority on the implementation of the environmental management plan for the CCZ, Kingston, (9-11 January)
2012	International Workshop on Further Consideration of the Implementation of Article 82 of the United Nations Convention on the Law of the Sea. Beijing, China (26-30 November)
2013	First, of three workshops, Taxonomic Exchange Workshop, Wilhelmshaven, Germany, focused on megafauna in exploration contract areas (10-15 June)

2. Environmental Management Plan for the Clarion-Clipperton Zone

The environmental management plan for the CCZ was developed during meetings of groups of experts and technical workshops that have been held since 1998. Following a number of technical sessions, a detailed project plan was submitted in 2011 at the 17th session of the Authority.[28]

However, because of the need for intensive discussions between experts and members of the Council, the plan was only adopted in 2012 at the 18th session of the ISA. This plan identifies nine preservation reference areas located along the CCZ, outside of the sites attributed to the contractors or reserved for the Authority. The plan will initially be implemented over a three-year period in a way that will allow for improvement as soon as more technical and scientific environmental data related to the evaluation of resources can be provided by contractors and other entities.

It will allow the establishment of reference data, the evaluation of ecological impacts and the study of potential risks that new technologies in mining extraction might present.

3. Seminars

In order to widely publicize the Authority and its activities, it was decided in 2007 to organize sensitization seminars in different parts of the world.

According to the Report of the Secretary-General:[29]

> The purpose of the seminars is to inform government officials, marine policymakers and scientists at national and regional institutions of the work of the Authority and to promote the participation of scientists from institutions in developing countries in marine scientific research being undertaken in the Area by international research organizations.

Seminars were organized by host countries that worked in close cooperation with the Authority. They were held in: Indonesia in 2007; Brazil in 2008; Nigeria in 2009; Spain in 2010; Jamaica in 2011; Mexico in 2013. Two seminars were also held at UN Headquarters, in New York, in 2012 and 2014.

---

[28] Environment Management Plan of the Clarion-Clipperton. Document ISBA/17/LTC/7, dated 13 July 2011.

[29] Report of the Secretary-General to the 18th session of the ISA. Document ISBA/18/A/2, paragraph 57, dated 8 June 2012.

IV. The Management of the Resources of the Common Heritage of Mankind

The interim regime for the protection of pioneer investors prior to the entry into force of the Convention had outlined, to a large extent, the exploration regime of seabed resources. Contrary to what had been foreseen by the drafters of the Convention, this interim regime established by Resolution II of the Conference lasted much longer than expected. Between 1982, date of adoption of the Convention, and 1994, date of its entry into force, seven pioneer investors were registered with the Preparatory Commission. The last one, registered in 1994, was the Republic of Korea.

According to the 1994 Agreement, any State, whether in its name or in the name of a State's enterprise or a physical or juridical person, can submit a work plan along with an evaluation of the potential impact of the proposed activities on the environment. Such plan of work for exploration is submitted to the LTC who reports to the Council. It is expected that plans of work for exploration will be approved for 15 years. If upon expiration the contractor has been unable to move to the exploitation stage, for reasons beyond his control, he may request an extension for additional periods, each of them no longer than five years.

Registered pioneer investors, having already paid a fee of US$250,000, would get their titles free of charge, while the other investors would have to pay this amount to the Authority. According to the Convention, the payment was supposed to cover the cost of registration and any surplus was supposed to have been reimbursed to the investors. The Preparatory Commission had never taken any decision concerning the use of these funds and the Authority totally ignored this reimbursement clause. The amounts paid by the investors were placed in a special account outside the budget. As a result, upon its creation, the Authority had at its disposal an unofficial account of some US$3 million, which should, theoretically, have been either used or reimbursed. As mentioned previously (see II), this amount was allocated to a special endowment fund, with the consent of all seven pioneer investors, who, in the meantime, had become contractors. When the eighth contractor (Germany) received its contract, it agreed, like its seven predecessors, to have its payments credited to this special endowment fund.

However, during the consideration of the budget for 2013/2014 during the 18th session in 2012, and in light of the sudden and rapid increase in the number of demands for plans of work for exploration, it was decided to keep a detailed record of the costs incurred in the treatment of the various requests in order to charge the corresponding amount to the prospective contractor. Thus, the FC was requested to present a concrete proposition at the following session, based on a study by the Secretary-General.

It was also decided during this 18th session to increase the amount to be paid for the consideration of plans of work for exploration of polymetallic nodules from US$250,000 to US$500,000 in order to cover the total costs involved.

During the 19th session in 2013, the FC considered different possibilities for reimbursing the cost of administration and supervision of contracts between the Authority and contractors. It submitted a draft decision that was the subject of extensive discussions within the Council.

An agreement, stipulating that each contractor would have to pay an annual charge of US$47,000 to cover the costs of the administration and supervision of its contract, was finally reached. This decision was to apply to all new contractors. As to contracts that had already been concluded or were about to be concluded following approval of applications, the Secretary-General would have to consult the respective contractors in order to introduce clauses concerning this payment in their contracts. Furthermore, it was decided that these payments would be considered as "actual and direct exploration expenditures."[30]

Every two years the Council will review the amount of the annual charge to ensure that the costs are indeed covered. In addition, the Council might consider "whether to substitute a variable sum for each contract which is dependent upon the level of administrative costs actually and reasonably incurred by the Authority in relation to that contract."[31] This decision is of great political and economic importance as it establishes additional expenses for contractors, which were not in existence at the time of approval of the applications.[32]

However, for most Member States of the Authority this decision is favourable as it will allow a reduction of their contribution to the general budget, which will not have to be used to cover expenses relating to the on-going supervision of contracts signed with a few States or entities.

1. The Adoption of an Exploration Code for Polymetallic Nodules and the Conclusion of Contracts

The First 7 Contractors

The drafting of an exploration code for polymetallic nodules was the first assignment of the LTC. The drafting of that code within the Preparatory Commission,

---

[30] Document ISBA/19/A/12 dated 25 July 2013.

[31] Idem.

[32] Some delegations argued that this decision would double their expenses as they had already paid US$500,000 at the time of approval and would have to pay an equivalent amount over a period of 10 years.

which sat from 1983 to 1994, had given rise to major confrontations, between industrialised and developing countries, about which no agreement could be reached. With respect to the exploration code, which was to govern the activities of contractors desiring to explore and exploit deep seabed resources, the absence of any possibility of agreement was illustrative of the complete failure of the Preparatory Commission. This failure contributed, to a large extent, to the acceptance by the international community of an unorthodox procedure that led to the adoption of the 1994 Agreement.[33]

The exploration code was essential for drawing up the contracts expected by the pioneer investors.[34] Indeed, in accordance with the 1994 Agreement (Annex, section 1, paragraph 6 (a)(ii)), the registered pioneer investors were entitled to request the approval of a plan of work for exploration within 36 months of the entry into force of the Convention, that is on 16 November 1997 at the latest. It was, therefore, a priority assignment.

Given that those contracts could only focus on the exploration phase, exploitation belonging to the future, the LTC devoted its meetings to preparing a text, which after two years of work was submitted to the Council for adoption. It was only in the course of the last meetings of the 6th session, in July 2000, after very difficult negotiations, that the draft exploration code was finally adopted by the Council under the title: The Regulations on Prospecting and Exploration for Polymetallic Nodules in the Area ("Regulations for Polymetallic Nodules").[35] In doing so, the Authority achieved a major turning point essential to its credibility.

The adoption of the exploration code enabled the drawing up of contracts for exploration corresponding to the plans of work of the seven pioneer investors, which had been approved by the Council in 1997. Indeed, in order to allow the Secretary-General to draw up those contracts, the Council had to approve the draft exploration code focusing on exploration, which included the standard clauses for a contract. Thus, almost four years had elapsed between the approval of plans of work (1997) and the drawing up of contracts for exploration (2001).

Starting in the spring of 2001, the Secretary-General negotiated the exact terms of seven exploration contracts and signed them on behalf of the Authority during the inter-session. These were as follows:

On 29 March 2001, YUZHMORGEOLOGIYA[36] (the Russian Federation) and INTEROCEANMETAL (Bulgaria, Cuba, Czech Republic, Russian

---

[33] See footnote 3.
[34] See J.-P. Lévy, *Le destin de l'Autorité internationale des fonds marins*, Paris: Pedone, p. 59.
[35] Decision of the Assembly. ISBA/6/A/18, dated 4 October 2000.
[36] Linguists will notice that throughout the years the translators of the United Nations could not reach an agreement on the exact spelling of the Russian term. We can read in official documents different translations of that term once transposed into the Latin alphabet, including "youjmourgueologuiya", or "yuzhmorgeologia"...

Federation, and Slovakia)[37] concluded their contracts, promptly followed by the Republic of Korea (on 27 April 2001) and COMRA (China Ocean Mineral Resources Research and Development Association, China) on 22 May 2001.

A few days before the seventh session of the Authority, DORD (Deep Ocean Resources Development, Japan) and IFREMER/AFERNOD (Institut français de recherche pour l'exploitation de la mer, France)[38] signed their contracts (20 June 2001). India entered into its contract only on 25 March 2002.

The terms of the contracts were similar although there were a number of major differences in the contents of plans of work of contractors, together with their respective estimate of expenses.

Contractors had to include in their applications for approval of plans of work a contingency plan in case of harm to the environment and were required to submit a regular report on the performance of their plan of work. These reports are submitted annually to the Authority.

The 8th Contractor

It was only during the 11th session in July 2005 that the 8th investor submitted a request for the approval of a plan of work for the exploration of polymetallic nodules in the CCZ.

On 21 July 2005, the Secretary-General received such a request from Bundesanstalt für Geowissenschaften und Rohstoffe (BGR), (Federal Institute for Geosciences and Natural Resources) on behalf of Germany. It was based on prospecting data gathered between 1976 and 1978 by the German consortium, *Arbeitsgemeinschaft meerestechnisch gewinnbarer Rohstoffe* (AMR), who participated in the exploration activities carried by the consortium Ocean Management Inc. (OMI), one of the USA consortia active during the Third Conference.

After being considered by the LTC, this request was approved by the Council during the 12th session in 2006. This approval of the plan of work for exploration of a sector was the first new request submitted since the entry into force of the Convention in 1994. It was considered a major step since it was indicative of growing confidence in the Authority as the entity responsible for the management of resources in the Area.

The 9th and 10th Contractors

At the 14th session of the Authority in 2008, two plan of work requests were submitted by the companies Nauru Ocean Resources Inc. (NORI) and Tonga Offshore

---

[37] Let us mention that INTEROCEANMETAL, which currently includes two members of the European Community, was initially a consortium exclusively of socialist countries that had obtained, within the scope of a specific agreement, a mining site on behalf of the "group of socialist countries".

[38] AFERNOD was established in 1974 as a consortium comprising various public and private French actors interested in seabed resources including in particular CNEXO which became IFREMER in 1984. IFREMER ensured the legal representation of AFERNOD. In the absence of activities by other members, the consortium was dissolved and IFREMER alone pursued its role as contractor with the Authority.

Mining Limited (TOML). These two companies were initially subsidiaries of Nautilus Minerals Inc., which conducts activities in the Exclusive Economic Zone of Papua New-Guinea. NORI was sponsored by the Republic of Nauru, and TOML by the Kingdom of Tonga.[39] Both requests, which are identical, concern sectors reserved to developing countries by the Authority.

At the 15th session, the LTC was informed that, in the actual economic context, sponsors wished that examination of their requests be postponed.

Then, Nauru took the initiative of requesting an advisory opinion from the International Tribunal for the Law of the Sea (ITLOS). As an explanation, Nauru stated that it:

> like many other developing States, does not yet possess the technical and financial capacity to undertake seafloor mining in international waters. To participate effectively in activities in the Area, these States must engage entities in the global private sector (in much the same way as some developing countries require foreign direct investment). Not only do some developing States lack the financial capacity to execute a seafloor mining project in international waters, but, in addition, some cannot afford exposure to the legal risks potentially associated with such a project. Recognizing this, Nauru's sponsorship of Nauru Ocean Resources Inc. was originally premised on the assumption that Nauru could effectively mitigate (with a high degree of certainty) the potential liabilities or costs arising from its sponsorship. This was important, as these liabilities or costs could, in some circumstances, far exceed the financial capacities of Nauru (as well as those of many other developing States). Unlike terrestrial mining, in which a State generally only risks losing that which it already has (for example, its natural environment), if a developing State can be held liable for activities in the Area, the State may potentially face losing more than it actually has.[40]

Nauru wished to obtain this information from ITLOS, through an advisory opinion addressed by the Assembly or the Council to the Seabed Disputes Chamber, in conformity with article 191 of the Convention.

It was the first time that an advisory opinion from ITLOS was requested and, thus, gave rise to heated debates relating to the interpretation of article 191 of the Convention and section 1 of the Annex of the 1994 Agreement concerning the responsibilities of the sponsoring State; to the respective competencies of ITLOS and the various organs of the Authority concerning the interpretation of various legal provisions. The complexity of the issue and the reluctance of certain delegations to

---

[39] Between 2008, date of the initial submission of the request, and 2011, date of its approval, Nautilus Inc. divested itself from NORI and did not maintain any legal connection to that company.

[40] Proposal to seek an advisory opinion from the Seabed Disputes Chamber of the International Tribunal for the Law of the Sea on matters regarding sponsoring State responsibility and liability. Submitted by the delegation of Nauru. ISBA/16/C/6, dated 5 March 2010.

call upon ITLOS, as well as their preference to entrust such a matter to the LTC, were also part of the debates.[41]

However, a request by a developing country with the full support of the South Pacific Island States could not be refused as such a move could be interpreted as a refusal by major States investors to facilitate the possibility for small developing countries to participate equally in the development of deep seabed resources through the sponsoring of private interests.

Finally, it was agreed to present such a request for an advisory opinion. After a redraft to streamline it and widen its application to cover all States, and not only developing States, it was submitted to ITLOS, which rendered its advisory opinion on 1 February 2011.[42]

Both sponsoring States then confirmed their requests for plans of work for exploration, which were considered by the LTC and then adopted by the Council during the 17th session of July 2011.

The 11th and Further Contractors

At the 18th session, in 2012, and then in early 2013, additional requests for the exploration of polymetallic nodules were submitted:

On 23 May 2012, UK Seabed Resources Ltd submitted a request, sponsored by The United Kingdom for Great Britain and Northern Ireland for exploration of polymetallic nodules in the CCZ.

On 30 May 2012, another request for exploration of polymetallic nodules in the CCZ was submitted by G-TEC Sea Mineral Resources NV, a company sponsored by Belgium.

Then, also on 30 May, Marawa Research and Exploration Ltd, from the Republic of Kiribati, submitted a request for exploration of polymetallic nodules in the CCZ. This request was related to an area reserved for the Authority in accordance with the parallel system and put at the disposal of developing countries.

During the inter-session on 8 February 2013, the same company Seabed Resources, from the UK, submitted a second request for the exploration of polymetallic nodules in the CCZ.

On 19 April 2013, Ocean Mineral Singapore Pte. Ltd, a company sponsored by the Government of Singapore, submitted an application for approval of a plan of work for exploration for polymetallic nodules in a reserved area in the CCZ. The area under application was the reserved area of the UK Seabed Resources Ltd claim in the CCZ of the Pacific Ocean approved in July 2012.

---

[41] For a detailed analysis, see Michael Lodge, *Some reflections on the first request to the seabed disputes chamber for an advisory opinion*, University of Virginia Seminar on Globalization and the Law of the Sea, 1 to 3 December 2010.

[42] The text of the dispositif of the advisory opinion by ITLOS is reproduced in Annex I. (Press Release 161, dated 1 February 2011) and document ISBA/17/C/6.

These last two requests were not considered during the 19th session in 2013, and will be examined during the first meeting of the LTC in 2014 for adoption during the 20th session of ISBA.

It is noted that the application by Ocean Mineral Singapore covers an area which is also included in a proposal for a joint venture operation with the Enterprise as contained in the report of the Interim Director-General of the Enterprise and which was considered by the Council at the 19th session.

Indeed, in October 2012 the Secretary-General received a communication from Nautilus Minerals Inc., a Canadian society, requesting that a joint venture be constituted with the Enterprise in order to explore eight of the area blocks reserved for the Authority within the CCZ.[43]

It was the first time that the question of establishing the Enterprise was raised within the Authority. Upon receipt of the request, the Secretary-General, adopting a very cautious approach, prepared an explanatory note recording the issues involved.[44]

The Nautilus request raised a number of questions, the discussion of which was rendered more difficult by the fact that this corporation did not enjoy observer status and thus could not intervene directly in the debate. During the discussions, it was underlined that Nautilus' selection of eight reserved areas was too ambitious. The approval of such a wide-ranging request would automatically reduce opportunities for other applicants. In addition, this request did not comply with the criteria established for the setting-up of the Enterprise.

Indeed, according to the 1994 Agreement, Annex, section 2, paragraph 1 "the Secretariat of the Authority shall perform the functions of the Enterprise until it begins to operate independently of the Secretariat." The Council shall take up the issue of the independent functioning of the Enterprise only if the joint venture operation follows sound commercial principles.

In the light of the discussions that took place, a draft was prepared and adopted by the Council. According to this text, the Council requested the Secretary-General, with the assistance of the LTC and the FC, to study the questions linked to the operation of the Enterprise, in particular the legal, technical and financial implications for the Authority and for States Parties. It was underlined that this decision should not preclude the Authority from allocating the eight reserved blocks that had been selected by Nautilus in its request.[45]

Then, on 27 December 2013, the Cook Islands Investment Corporation (CIIC), which is a Cook Islands state enterprise, submitted an application for approval of a plan of work for exploration for polymetallic nodules in a reserved area.

---

[43] Document ISBA/19/C/4 dated 20 March 2013.
[44] Document ISBA/19/C/6 dated 4 April 2013.
[45] Statement of the President of the Council of the International Seabed Authority on the work of the Council during the nineteenth session. ISBA/19/C/18, paragraph 16, dated 24 July 2013.

2. The Adoption of an Exploration Code for Polymetallic Sulphides and the Conclusion of Contracts

In 1998, at the resumed fourth session of the Authority, the Russian Federation requested that an exploration code be adopted for resources other than polymetallic nodules, that is, essentially polymetallic sulphides and manganese-bearing crusts. Initially the request was to cover methane hydrates, but no specific action was taken in this regard.[46]

In accordance with article 162, paragraph 2 (o)(ii), of the Convention, the Russian Federation requested the adoption of rules within three years.

Polymetallic sulphides are hot springs with a high concentration of metallic particles, deriving mainly from underwater fractures. While the fields of nodules are two-dimensional, sulphides are three-dimensional and are located at lesser depths. The detailed geographical distribution of sulphides is still unknown, but, generally, their concentration of metals is estimated to be higher than the concentration of metals within nodules. A first licence for exploration was issued in November 1997 to Nautilus Minerals Co. in an area of 5,000 km² within the exclusive economic zone of Papua-New-Guinea.

In spite of the formal request made by the Russian Federation, the question of the development of an exploration code for other minerals in the Area was only raised in the course of the eighth session of the Authority in 2002, and it was only at the ninth session, in 2003, five years following the initial request, that the LTC looked into the matter. Having gathered available information, the Secretariat organized a workshop to determine the elements to be included in the draft exploration code on sulphides and cobalt-rich crusts. The LTC started drafting on the basis of the code for polymetallic nodules. However, it had to take into account not only the different nature of these resources but also the fact that not all the provisions from the exploration code on polymetallic nodules could be transferred to the new code.

A draft document was prepared and subsequently revised. Very soon it became clear that it would be difficult to adopt the same provisions for sulphides and cobalt-rich crusts. Accordingly, it was decided to draft two separate codes. The draft code, entitled the Regulations on Prospecting and Exploration for Polymetallic Sulphides in the Area ("the Regulations for Sulphides"), was first adopted during the 16th session, on 7 May 2010.[47]

---

[46] Methane hydrates are essentially comprised of a mixture of water and methane, and as a result represent a potential source of energy if extraction of methane proves to be possible.

[47] Decision of the Assembly of the International Seabed Authority relating to the regulations on prospecting and exploration for polymetallic sulphides in the Area. ISBA/16/A/12/Rev.1, dated 15 November 2010.

Right away, sponsoring States started presenting their submissions on the basis of this new code:

a. Submission by China (China Ocean Mineral Resources Research and Development Association-COMRA)

On the last day of the 16th session, China presented an application for approval of a plan of work for exploration for polymetallic sulphides relating to a site in the vicinity of the South-West Indian Ocean Ridge (7 May 2010). China stated that it had agreed to pay a fixed fee of US$50,000 as well as an annual fee in compliance with regulation 21, paragraphs 1(b) and 2 of the Regulations for Sulphides. This article states that the annual fee should be calculated on the basis of the surface of the area concerned, taking into account relinquishment.

b. Submission by the Russian Federation

A few months later, on 24 December 2010, the Ministry of Natural Resources and the Environment of the Government of the Russian Federation submitted an application for approval of a plan of work for exploration for polymetallic sulphides relating to an area on the Mid-Atlantic Ridge.

Contrary to China, the Russian Federation opted to pay a fixed fee of US$500,000 and offered an equity interest in a joint venture arrangement, in accordance with Regulation 19 of the Regulations for Sulphides. These two applications were considered and approved by the Council at the 17th session.

c. Submission by the Republic of Korea

On 21 May 2012, the Republic of Korea submitted an application for approval of a plan of work for exploration for polymetallic sulphides relating to an area in the Central Indian Ocean. The applicant had decided to pay a fee of US$500,000 and to offer an equity interest in a joint venture with the Enterprise, in accordance with article 19 of the Regulations for Sulphides. This application was considered and approved during the 18th session.

d. Submission by France

A few days later, on 23 May 2012, France sponsored an application for approval of a plan of work for exploration for polymetallic sulphides relating to an area in the Mid-Atlantic Ridge, submitted by IFREMER. The applicant had decided to pay a fee of US$500,000 and to offer an equity interest in a joint venture with the Enterprise, in accordance with article 19 of the Regulations for Sulphides. This application was considered and approved during the 18th session.

e. Submission by India

On 26 March 2013, the Government of India submitted an application for approval of a plan of work for exploration for polymetallic sulphides in the Central Indian Ocean. The applicant elected to pay a fixed fee of US$500,000 and to offer an equity interest in a joint venture with the Enterprise, in accordance with article 19 of the Regulations for Sulphides.

As was the case with the requests by the United Kingdom and Singapore, India's submission was not considered during the 19th session in 2013 and will be dealt with during the 20th session of the Authority in 2014.

f. Submission by Germany

On 17 December 2013, the Authority received an application for approval of a plan of work for the exploration for polymetallic sulphides submitted by the Federal Institute for Geosciences and Natural Resources (BGR), on behalf of the Government of the Federal Republic of Germany.

The application area is in the Central Indian Ocean and the applicant has also elected to offer an equity interest in a joint venture arrangement with the Enterprise, in accordance with article 19 of the Regulations for Sulphides.

3. The Adoption of an Exploration Code for Cobalt-rich Crusts and the Conclusion of Contracts

In deep seabed areas, cobalt-rich crusts can reach a thickness of a few centimetres. These crusts contain the same kind of metals as nodules but with a much higher grade of cobalt. Some of these crusts have been encountered on continental shelves and as a result their exploitation could take place outside the control of the Authority.[48]

The exploration code for cobalt-rich crusts is similar to the one on polymetallic sulphides. One major difference however stems from the nature of the deposit itself and concerns the surface and configuration of the total area covered by the applicant's submission.

Following extensive discussions of the draft, the Council adopted the Regulations on Prospecting and Exploration for Cobalt-rich Ferromanganese Crusts in the Area ("the Regulations for Cobalt-rich Crusts") on 27 July 2012.[49]

Shortly after the adoption of this code, China and Japan submitted their requests for exploration licences.

In fact, as early as 27 July 2012, China Ocean Mineral Resources Research and Development Association (COMRA) had submitted a request for an exploration licence for cobalt-rich crusts in the Western Pacific Ocean.

---

[48] See Karim Medjad, Les obstacles à la mise en oeuvre de l'exploitation des nodules polymétalliques: la part de l'irrationnel, *Espaces et ressources maritimes*, No. 9, 1995, 45-81.

[49] Decision of the Assembly. Document ISBA/18/A/11, dated 22 October 2012.

On 3 August 2012, Japan Oil, Gas and Metals National Corporation (JOGMEC) submitted a similar request for a region in the Western Pacific Ocean.

Both requests proposed contributing to the capital of a joint venture in accordance with regulation 19 of the Regulations for Cobalt-rich Crusts.

On 6 February 2013, the Russian Ministry for Natural Resources and the Environment also submitted a request for exploration for cobalt-rich crusts in the Western Pacific Ocean.

The two requests for exploration licences for cobalt-rich crusts submitted by China and Japan in 2012 and considered by the LTC in February 2013 were adopted during the 19th session. This was not the case for the request by the Russian Federation.

On 31 December 2013, the Authority received an application for approval of a plan of work for exploration for cobalt-rich crusts submitted by Companhia de Pesquisa de Recursos Minerais (CPRM), a Brazilian State Enterprise.

The application area is in the Rio Grande Rise (Atlantic Ocean) and the applicant has elected to offer an equity interest in a joint venture arrangement with the Enterprise.

Thus, in addition to the four submissions (United Kingdom and Singapore for nodules, India for sulphides and the Russian Federation for cobalt-rich crusts), which were not considered previously, three additional submissions made in 2013 (Cook Islands for nodules, Germany for sulphides and Brazil for cobalt-rich crusts) will have to be dealt with in 2014.

LIST OF CONTRACTORS FOR POLYMETALLIC NODULES[50]

NAME OF CONTRACTORS	DATES	LOCATIONS
YUZHMORGEOLOGIYA (Russian Federation)	2001	CCZ
INTEROCEANMETAL (Bulgaria, Cuba, Czech Republic, Russian Federation, Slovakia)	2001	CCZ
Government of the Republic of Korea	2001	CCZ
China Ocean Mineral Resources Research and Development Association (COMRA)	2001	CCZ
Deep Ocean Resources Development Co. Ltd., Japan	2001	CCZ

[50] The 3 "List of Contractors" tables are extracted from the ISA website: www.isa.org.jm

Institut français de recherche pour l'exploitation de la mer (IFREMER), France	2001	CCZ
Government of India	2002	Indian Ocean
Federal Institute for Geosciences and Natural Resources, Germany	2006	CCZ
Nauru Ocean Resources Inc.	2011	CCZ
Tonga Offshore Mining Limited	2012	CCZ
G-TEC Sea Mineral Resources NV, Belgium	2013	CCZ
UK Seabed Resources Ltd., United Kingdom of Great Britain and Northern Ireland	2013	CCZ
Marawa Research and Exploration Ltd., Republic of Kiribati	2014 ?	CCZ
UK Seabed Resources Ltd., United Kingdom of Great Britain and Northern Ireland	2014 ?	CCZ
Ocean Mineral Singapore Pte. Ltd.	2014 ?	CCZ
Cook Islands Investment Corporation	2014 ?	CCZ

LIST OF CONTRACTORS FOR POLYMETALLIC SULPHIDES

NAME OF CONTRACTORS	DATES	LOCATIONS
China Ocean Mineral Resources Research and Development Association (COMRA)	2011	Indian Ocean
Ministry of Natural Resources and Environment of the Russian Federation	2012	Mid-Atlantic

Government of the Republic of Korea	2014 ?	Indian Ocean
Institut français de recherche pour l'exploitation de la mer, (IFREMER), France	2014 ?	Mid-Atlantic
Government of India	2014 ?	Indian Ocean
Federal Institute for Geosciences and Natural Resources, Germany	2014 ?	Indian Ocean

LIST OF CONTRACTORS FOR COBALT-RICH CRUSTS

NAME OF CONTRACTORS	DATES	LOCATIONS
China Ocean Mineral Resources Research and Development Association (COMRA)	2014	Pacific Ocean
Japan Oil, Gas and Metals National Corporation (JOGMEC)	2014	Pacific Ocean
Ministry of Natural Resources and Environment, Russian Federation	2014 ?	Pacific Ocean
Companhia de Pesquisa de Recursos Minerais (CPRM), Brazil	2014 ?	Atlantic Ocean (Rio Grande Rise)

MAPS[51]

Polymetallic Nodules Exploration Areas in the Clarion-Clipperton Fracture Zone

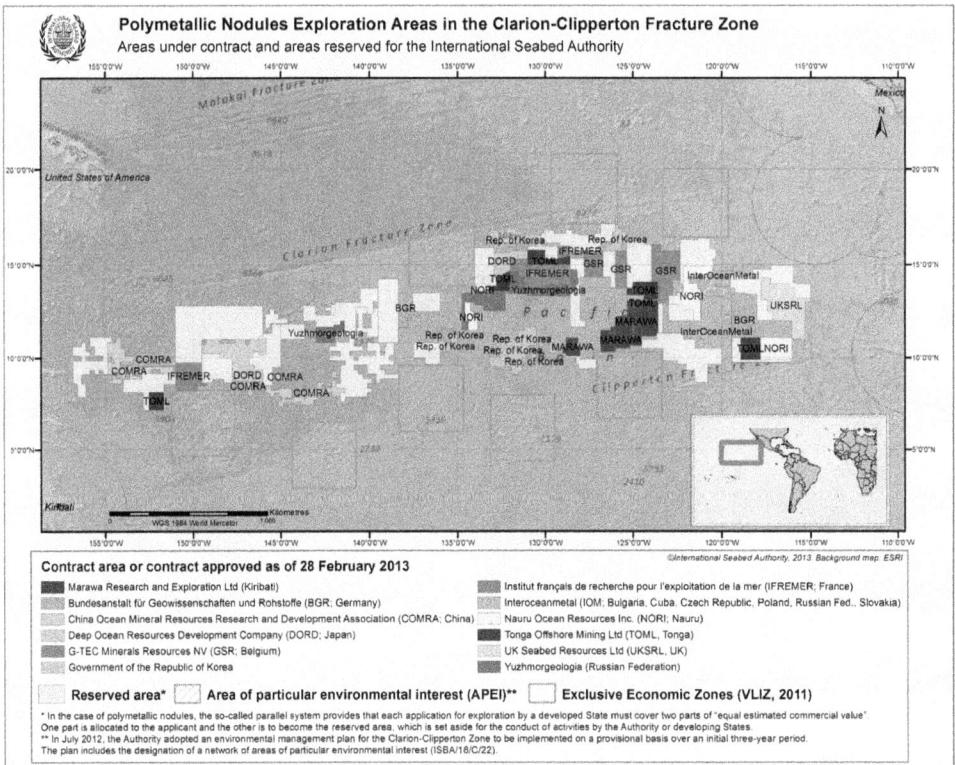

Polymetallic Nodules Exploration Areas in the Clarion-Clipperton Fracture Zone
Areas under contract and areas reserved for the International Seabed Authority

©International Seabed Authority, 2013. Background map: ESRI

Contract area or contract approved as of 28 February 2013

- Marawa Research and Exploration Ltd (Kiribati)
- Bundesanstalt für Geowissenschaften und Rohstoffe (BGR; Germany)
- China Ocean Mineral Resources Research and Development Association (COMRA; China)
- Deep Ocean Resources Development Company (DORD; Japan)
- G-TEC Minerals Resources NV (GSR; Belgium)
- Government of the Republic of Korea
- Institut français de recherche pour l'exploitation de la mer (IFREMER; France)
- Interoceanmetal (IOM; Bulgaria, Cuba, Czech Republic, Poland, Russian Fed., Slovakia)
- Nauru Ocean Resources Inc. (NORI; Nauru)
- Tonga Offshore Mining Ltd (TOML; Tonga)
- UK Seabed Resources Ltd (UKSRL; UK)
- Yuzhmorgeologia (Russian Federation)

Reserved area*   Area of particular environmental interest (APEI)**   Exclusive Economic Zones (VLIZ, 2011)

* In the case of polymetallic nodules, the so-called parallel system provides that each application for exploration by a developed State must cover two parts of "equal estimated commercial value". One part is allocated to the applicant and the other is to become the reserved area, which is set aside for the conduct of activities by the Authority or developing States.
** In July 2012, the Authority adopted an environmental management plan for the Clarion-Clipperton Zone to be implemented on a provisional basis over an initial three-year period. The plan includes the designation of a network of areas of particular environmental interest (ISBA/18/C/22).

---

[51]   See: International Seabed Authority: http://www.isa.org.jm/en/scientific/exploration

Polymetallic Nodules and Polymetallic Sulphides Exploration Areas in the Indian Ocean

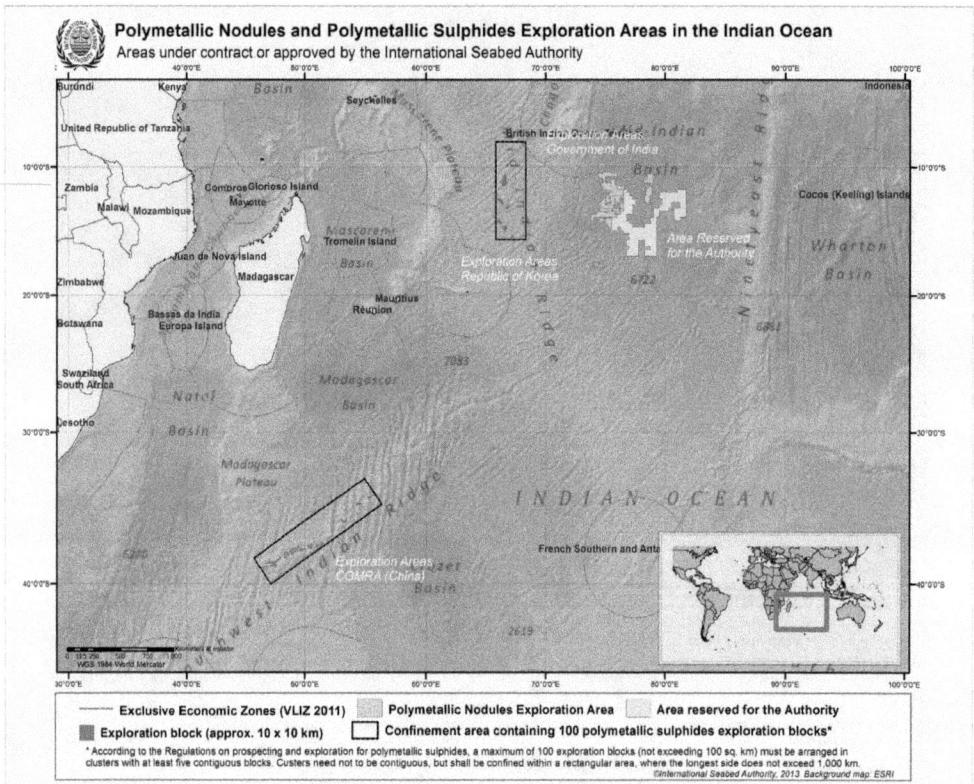

Polymetallic Nodules and Polymetallic Sulphides Exploration Areas in the Indian Ocean
Areas under contract or approved by the International Seabed Authority

Legend:
- Exclusive Economic Zones (VLIZ 2011)
- Exploration block (approx. 10 x 10 km)
- Polymetallic Nodules Exploration Area
- Confinement area containing 100 polymetallic sulphides exploration blocks*
- Area reserved for the Authority

* According to the Regulations on prospecting and exploration for polymetallic sulphides, a maximum of 100 exploration blocks (not exceeding 100 sq. km) must be arranged in clusters with at least five contiguous blocks. Clusters need not to be contiguous, but shall be confined within a rectangular area, where the longest side does not exceed 1,000 km.

©International Seabed Authority, 2013 Background map: ESRI

Polymetallic Sulphides Exploration Areas
in the Mid-Atlantic Ridge

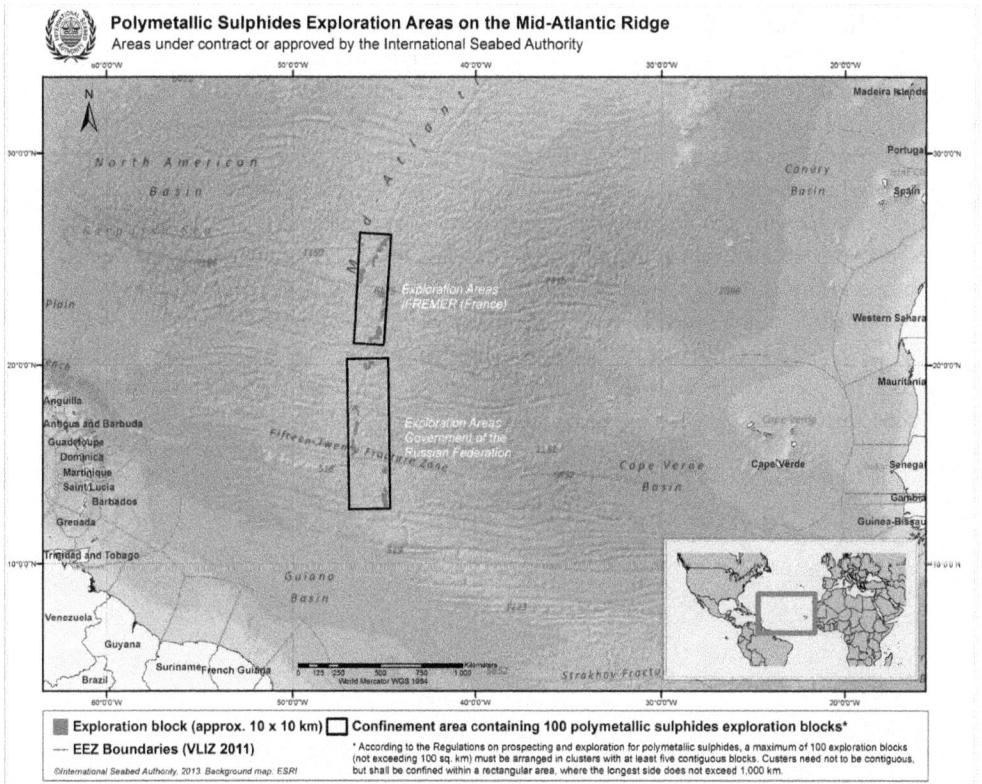

Polymetallic Sulphides Exploration Areas on the Mid-Atlantic Ridge
Areas under contract or approved by the International Seabed Authority

4. Preparation of a Mining Code for the Exploitation of the Resources in the Area

Having completed the adoption of the three codes for the exploration of mineral resources, the Authority at its 17th session (2011) requested the Secretariat to submit a plan for carrying out the process of drafting regulations on the exploitation of the resources of the Area.

In order to assist in the preparation of the relevant texts, the Secretariat commissioned a background document. This document raised a number of preliminary issues to be clarified in connection with the effective organisation of an exploitation regime for the resources of the common heritage of mankind.[52]

The document was submitted to the 19th session and preliminarily examined. The issues raised will be further discussed during future sessions. In particular the suggestion concerning the delivery of a three-year "provisional mining licence" for exploitation followed by a "tenured mining licence" was widely commented upon.

Similarly, the future fiscal regime gave rise to comments inasmuch as it suggested that such a regime should apply to a "hybrid social business model for industry". This model will "simultaneously pursue two objectives, namely, a) specific positive social impacts and returns and b) specific baseline financial returns. The hybrid social business model is a significant modification of the traditional business model, which only incorporated general levels of corporate social responsibility."[53]

From the first discussions, it clearly appeared that the drafting of an exploitation code for polymetallic nodules would spread over a number of years and would entail substantive discussions before being finalized.

---

[52] See ISA Technical study No. 11. *Towards the development of a regulatory framework for polymetallic nodule exploitation in the area,* 2013.

[53] Towards the development of a regulatory framework for polymetallic nodule exploitation in the Area. Document ISBA/19/C/5, dated 25 March 2013.

V. The Future of the Authority

As the Authority enters its third decade, its Member States are now convinced of its value and have total confidence in its capacity to fulfil its mandate. They are, however, focused on new issues. Beyond the implementation of the mandate of the Authority *stricto sensu*, as it stems from the Convention and the 1994 Agreement, States are questioning whether recent scientific and technical progress, together with some degree of political pressure, may lead to a broadening of the activities of the Authority.

Within the framework of the *stricto sensu* mandate of the Authority, States expect it to participate, eventually, in the exploitation of mining sites (through joint ventures), to increase its scientific research activities and its involvement in the protection of the marine environment, and also to play its recognised role in the distribution of some revenues from the exploitation of mineral resources from continental shelves beyond 200 miles.

However, the question of the impact of the following three issues has recently been raised concerning the future of the Authority:

1. the possibility of exploiting other resources of the deep seabed, such as rare earth elements;
2. the possible extension of the activity of the Authority in the protection of the marine environment; and
3. the potential role of the Authority in the management of deep seabed genetic resources.

1. Exploitation of a Mining Site

Provisions of the Convention and the 1994 Agreement in relation to exploitation of mining sites are unambiguous. With respect to polymetallic nodules, the implementation of the parallel system enables the Authority to have some sites that it may exploit inasmuch as technological, economic and financial conditions permit.

In 2011, the Governments of Nauru and Tonga were the first developing States to request and obtain exploration licences for polymetallic nodules applying to sites that had formerly been reserved for the Authority and for the benefit of developing States, in accordance with the principles of the parallel system. The following year, entities from the United Kingdom, Belgium and Kiribati requested and obtained exploration licenses for the exploration of polymetallic nodules. While the site selected by Kiribati was part of the sites reserved for the Authority, those of Belgium and the

United Kingdom were divided in two in order to offer the Authority a site having a commercial value equivalent to that of the applicant.

The parallel system, which stemmed from a historical compromise during the Third Conference, turned out to be a viable one. The Authority will thus become a stakeholder in joint ventures, essentially through its Enterprise.[54]

As for other resources, the mining code concerning their exploration expressly provides several modalities that should enable the Authority to be associated with an operator. The rigid concept of the parallel system, which expresses a final compromise reached during the drafting of provisions of the Convention, has, admittedly, been transformed. Indeed, it is difficult to apply it to new kinds of resources. It is largely replaced by a concept of partnership within the framework of a joint venture.

Thus, as soon as the Regulations for Polymetallic Sulphides were adopted in 2010, China, and soon after the Russian Federation, requested and obtained exploration licences. Both applicants opted to contribute to a joint venture, in accordance with article 19 of these Regulations.

The following year, France and the Republic of Korea received their exploration licences for polymetallic sulphides and promised to contribute to a joint venture capital.

Soon after the adoption of the Regulations for Cobalt-rich crusts in 2012, China and Japan submitted their exploration requests, including offers to contribute to a joint venture, according to article 19 of these Regulations.

It is clearly the present trend for States to extend offers of joint ventures to the Authority. It is therefore expected that during the exploitation phase of mineral resources in the Area, the Authority will be able to actually participate, at least in the context of joint ventures in the development of the common heritage of mankind.

2. Distribution of a Part of Revenues from Exploitation of the Continental Shelf beyond 200 Miles

By virtue of article 76 of the Convention, a coastal State may extend its jurisdiction on its continental shelf up to 200 nautical miles or when its continental shelf extends beyond 200 nautical miles, it may determine its limits, either by using "the outermost fixed points at each of which the thickness of sedimentary rocks is at least 1 per cent of the shortest distance from such point to the foot of the continental slope"; or by using a line linking "fixed points located at not more than 60 nautical miles from the foot of the continental slope". No matter which method is used, the lines should not extend beyond 350 nautical miles from the baselines or beyond 100 nautical miles from the 2,500-metre isobath. The exterior line should be traced on the basis of straight lines not exceeding a length of 60 miles.

In conformity with article 82 of the Convention, "The coastal State shall make payments or contributions in kind in respect of the exploitation of the non-living

---

[54] It should be recalled that regarding the Enterprise, in accordance with article 170 of the Convention and paragraph 2 of section 2 of the Agreement of 28 July 1994, it will be up to the Council to decide its establishment as a body separate from the Authority.

resources of the continental shelf beyond 200 nautical miles. ... [however] A developing State which is a net importer of a mineral resource produced from its continental shelf is exempt from making such payments or contributions in respect of that mineral resource." Actually, that provision refers essentially to the exploitation of offshore hydrocarbons. A State is only required to start making such payments or contributions after five years of exploitation. At the sixth year, the rate of payments or contributions is one per cent of the value or volume of production. That rate is increased by one per cent per year for each subsequent year until it reaches the rate of seven per cent in the twelfth year. From then on payments or contributions remain at that rate. Payments are made through the Authority, which, under article 82, is required:

> to distribute them to States Parties to this Convention, on the basis of equitable sharing criteria, taking into account the interests and needs of developing States, particularly the least developed and the land-locked among them.

Article 82 of the Convention resulted from a quid pro quo and constitutes a unique case. It was drafted in order to compensate for the right, granted to some coastal States, to extend their continental shelf beyond 200 nautical miles and to benefit from the exploitation of its resources. In return, these States have the duty to allocate, through the Authority, a percentage of their income to developing countries. As stated by Michael Lodge: "... a coastal State's entitlement to article 76 outer continental shelf benefits is 'conditioned' by the obligation in article 82."[55]

However, article 82 presents several ambiguities and does not bring a solution to the difficulties raised by its implementation. The resources that occur on the world's continental margins may include oil, natural gas, gas hydrates, manganese nodules, sand, gravel, titanium, thorium, iron, nickel, copper, cobalt, gold and diamonds. The size and value of these deposits are unknown, but potential outer continental shelf (OCS) claims cover a large section of the seabed. For comparison, OCS claims could be in excess of 15 million square kilometres, while the world's exclusive economic zones (the water column within 200 nautical miles of the coast) are estimated at approximately 85 million square kilometres, and the Area consists of around 260 million square kilometres.[56]

It is important to recall that in a number of areas in the world (about 30 areas have been identified) continental margins extend far beyond 200 miles.[57] Pursuant to article 76 of the Convention, coastal States have to submit the outer limits of their continental shelf to the Commission on the Limits of the Continental Shelf (CLCS). The CLCS is responsible for reviewing and approving such submissions.

---

[55] Michael W. Lodge, Legal Counsel, ISA. The International Seabed Authority and Article 82 of the United Nations Convention on the Law of the Sea, *Second International Symposium on Scientific and Legal Aspects of the Regimes of the Continental Shelf and the Area, 7-9 November 2011*, Hangzhou, China.

[56] International Seabed Authority, *Issues associated with the Implementation of Article 82 of the United Nations Convention on the Law of the Sea.* ISA Technical Study: No. 4, 2009.

[57] See *Continental Shelf Limits*, edited by Peter Cook and Chris Carleton, Oxford University Press, 2000.

The States concerned had to present their submissions within a 10-year deadline following their ratification of the Convention. Given the difficulties encountered by numerous States, the Meeting of States Parties decided that States having ratified before 13 May 1999 could present their submissions up to 13 May 2009.[58]

As of this date, 51 submissions and 44 preliminary submissions had been presented by more than 70 States.

And, as of 15 April 2014, the CLCS had received 72 complete submissions and had adopted 20 series of recommendations on the outer limits of their continental shelves.[59]

The role of the CLCS is crucial for the Authority inasmuch as the delineation of the outer limits of continental shelves that extend beyond 200 nautical miles determines a *contrario* the limits of the Area to be managed by the Authority.

For the time being, there does not seem to be any exploitation of hydrocarbons beyond 200 miles; however, progress in this field has been extremely rapid during the last decade and keeps moving forward. Given the economic significance of sources of energy supplies, it must be expected that current technological limits will advance gradually, and with these improvements, it may be anticipated that the exploitation of the continental shelf beyond 200 miles will take place in the near future. When that occurs, the Authority should be ready to play the role assigned to it by the Convention.

The Authority will have to adopt rules that will enable it to establish direct relations with the State whose continental shelf is being exploited and, if necessary, with the private or State enterprise involved in that exploitation. The Authority will have to get the necessary information to control the required contributions. It will have to define procedures for distribution of these contributions to the States mentioned in article 82. The elaboration of those rules and their adoption by the Authority may not necessarily be an easy task.

In order to be capable of fulfilling the above-mentioned responsibilities, several activities have been pursued. First, the Authority organized, in cooperation with Chatham House, United Kingdom, a seminar to clarify the issue. From 11 to 13 February 2009, experts from various fields studied the questions raised by the interpretation and the implementation of article 82.

In the final reports published by the Authority[60] a number of questions, which will be confronted by the Authority, and by States exploiting mineral resources from their extended continental shelves, were examined. These questions are of a particularly complex nature and it will take time to find acceptable solutions.

The discussions initiated at this seminar were later pursued during a meeting organized in cooperation with the China Institute for Marine Affairs of the State Oceanic Administration of China (CIMA), Beijing from 26 to 30 November 2012. In fact, this meeting dealt in greater depth with previously raised questions and,

---

[58] Only about 15 of these States do not have developing-country status. For many of these developing nations, the added areas of seabed could be economically critical.

[59] See DOALOS' web site: http://www.un.org/Depts/los

[60] ISA Technical study No. 4, (2009) and ISA Technical study No. 5, (2010). International Seabed Authority, Kingston.

in particular, considered a possible outline of a model agreement concerning the implementation of article 82 between the ISA and an (OCS) State for receiving payments and contributions. The meeting also dealt with the issue of establishing criteria for the equitable distribution by the Authority of payments and contributions received.[61]

The Secretary-General presented the results of this workshop to the Authority during the 19th session.[62] During this presentation, emphasis was placed on the recommendations dealing with: 1) the nature of payments, which should preferably be made in cash rather than in kind; 2) the concept of developing a memorandum of understanding between States with extended continental shelf areas and the Authority; and 3) the importance of developing criteria for equitable sharing and distribution of contributions through existing programmes and funds in order to assist developing States.

The first discussions following this presentation made it clear that the implementation of the provisions of article 82 will be extremely complex and will require time, imagination and a keen sense of compromise from all States concerned.

3. The Issue of Deep Seabed Genetic Resources

Several articles of the Convention entrust the Authority with specific responsibilities relating to marine scientific research and the protection of the marine environment. In addition, pursuant to article 157 of the Convention, the Authority is given the overall responsibility of organizing and controlling "activities in the Area, particularly with a view to administering the resources of the Area". With reference to these articles, the Authority finds itself in the midst of an increasing controversy regarding genetic resources, which has been the subject of discussions in several international arenas. The Authority is particularly concerned with genetic resources that may be associated with deep seabed vents.

Within the Authority, this debate was started only in 2003 during the ninth session (2003) in the course of the LTC work, which decided to deal with that question, from scientific and legal points of view. The Council decided that the Authority should examine relations between the exploration of new resources (especially polymetallic sulphides associated with hydrothermal vents) and the protection of biological resources, including the question of biodiversity. However, the most important discussions related to the issue of genetic resources take place within various fora within which the Authority only has observer status, albeit a privileged one.[63]

---

[61] *Implementation of Article 82 of the United Nations Convention on the Law of the Sea*, ISA Technical Study: No. 12, 2013.

[62] Outcomes of the International Workshop on Further considerations on the Implementation of Article 82 of the United Nations Convention on the Law of the Sea. Document ISBA/19/A/4, dated 6 May 2013.

[63] Considering the intended use of the genetic potential of recent discoveries in the deep sea, it has been argued that it would be more appropriate to refer to "genetic information" rather than "genetic resources".

The issue has been raised in very general terms in connection with the consideration of the implementation of the Convention. It is also directly relevant to the developments that have taken place within the Conference of States Parties to the Convention on Biological Diversity. And, finally, it has become a major focus of the "Ad Hoc Open-Ended Working Group on Questions relative to the Conservation and Sustainable Exploitation of Marine Biodiversity in Zones beyond National Jurisdiction".[64]

a. The United Nations Convention on the Law of the Sea

There are no provisions of the Convention that deal with the issue of biological diversity in the Area since the international community was unaware of the existence of biological resources associated to mineral resources during the drafting of the Convention. However, the Convention contains provisions dealing with scientific research in the Area, and the protection and preservation of the flora and fauna in the context of exploration of mineral resources. Within its current mandate, the Authority can forbid activities that have a negative impact on the deep seabed environment, but cannot authorize activities concerning deep seabed genetic resources.

b. The Convention on Biological Diversity

The Convention on Biological Diversity (CBD) was adopted 10 years after the Convention on the Law of the Sea. It contains rules concerning conservation and management of deep seabed biological resources. In this context, the biodiversity becomes a "common preoccupation of mankind" and not a "common heritage of mankind". Areas under national jurisdiction are treated differently from areas beyond national jurisdiction. The CBD only deals with processes and activities taking place in the areas beyond the limits of national jurisdiction which could harm biological diversity. It requests States Parties to cooperate "for the conservation and sustainable use of biological diversity".

The Conference of States Parties to the CBD has realized notable progress concerning biological diversity in general, but not the specific treatment of genetic resources, in particular that of the seabed. Since the adoption of the CBD in 1992 during the Rio Earth Summit, the CBD Conference has been held biennially. It was only in 2010, during the 10th Meeting of the CBD Conference, that a protocol was signed in Nagoya (Japan). The States present at that Conference made the commitment to take the necessary measures for the protection of biodiversity and to slow down the extinction of biological species.

In addition to the Nagoya Protocol on Access to Genetic Resources and the Fair and Equitable Sharing of Benefits Arising from their Utilization, the Conference also adopted the Strategic Plan for Biodiversity, including 20 targets–called "Aichi

---

[64] During the 59th session of the General Assembly in November 2004, it was decided to create a Special Working Group on questions related to the Conservation and Sustainable Exploitation of Marine Biodiversity in Zones beyond National Jurisdiction.

Targets—that aim "to achieve by 2020 a significant reduction of the current rate of biodiversity loss". States agreed to protect at least 17 per cent of terrestrial and inland water and 10 per cent of marine and coastal areas by 2020, through the creation of protected areas and the mobilization of financial resources, thereby increasing the present level of public aid to developments in the field of biodiversity.

Two years later, the 11th Conference of States Parties to the CBD, held at Hyderabad, India, from 8 to 19 October 2012, attempted to organize the advances made at Nagoya, particularly those related to the financing of protection measures, as well as the implementation of the Access and Benefit-sharing.

c. The Ad Hoc Open-ended Informal Working Group to Study Issues relating to the Conservation and Sustainable Use of Marine Biological Diversity beyond Areas of National Jurisdiction

This Working Group has been the most vocal on the role of the Authority in relation to the conservation and sustainable use of marine biodiversity beyond areas of national jurisdiction.

During the 2012 meeting of this informal Working Group, the opposition between two groups of States became very evident. One group of States argued that the regime contained in Part XI of the Convention was only applicable to mineral resources in the Area and could not be applied to genetic resources.[65] The other group proposed to regulate the genetic resources located in areas beyond national jurisdiction by linking them to the resources of the common heritage of mankind. According to the supporters of the latter, all resources of the deep seabed and the oceans located in areas beyond national jurisdiction belonged to the Area. Thus, the principles of Part XI of the Convention are also applicable to the genetic resources in the Area.

Considering the complexity of the matter and the different interpretations that had appeared, it was decided that inter-session working groups would be held in 2013. They were held on 2-3 May and on 6-7 May. Numerous scientific and technical questions were clarified during those meetings, nevertheless without solving the main issues.[66]

The following informal Working Group meeting was held from 19 to 23 August 2013. A few weeks before the opening of the meeting, the European Union and its 28 Member States took the initiative to propose the launching of a preparatory process for "a decision on the development of an international instrument under the United Nations Convention on the Law of the Sea relating to the conservation and sustainable use of marine biological diversity beyond areas of national jurisdiction".[67]

Through this initiative, the European Union and its Member States were requesting the preparation of an implementation agreement similar to the one devised for Part XI

---

[65] See United Nations document A/67/95 dated 13 June 2012.

[66] Summary of proceedings prepared by the Co-Chairs of the Working Group. Document A/AC.276/6 dated 10 June 2013.

[67] Note verbale dated 23 July 2013 from the Permanent Mission of Lithuania to the United Nations addressed to the Secretary-General. Document A/AC.276/7 dated 24 July 2013.

of the Convention (the 1994 Agreement) and to the one adopted for Straddling Fish Stocks and Highly Migratory Fish Stocks (the 1995 Agreement). This new agreement should apply to marine biological diversity beyond areas of national jurisdiction.

This request followed the conclusions of the Rio+20 United Nations Conference on Sustainable Development, 20-22 June 2012. Indeed at this Conference, States had agreed to deal urgently, before the end of the 69th session of the General Assembly, with:

> the issue of conservation and sustainable use of marine biological diversity beyond national jurisdictions, including by taking a decision on the development of an international instrument under the United Nations Convention on the Law of the Sea.[68]

At the end of the meeting, States agreed to draft a recommendation to be included in the "omnibus resolution" on the Law of the Sea to be adopted during the 68th session of the United Nations General Assembly in December 2013.

This resolution, recalling the Rio+20 commitment by States, requests the starting of a process towards the adoption of an international instrument within the framework of the Convention.

To this end, the Ad-Hoc Working Group would hold three meetings of four days each (two in 2014 and one in 2015) in order to submit to the General Assembly recommendations concerning "the scope, parameters and feasibility of an international instrument under the Convention" (paragraph 198 of the "omnibus resolution"). As a contribution to this process, States are invited to offer their views, which will be published in an informal document.[69]

At present, the major difficulty faced by all delegations lies in the lack of a common approach in three major areas, all of them having an impact on a possible way of dealing with the issue: the kind of resources at stake; the definitions (particularly regarding scientific research and bio-prospecting); and the legal regime that might be applied.

No matter the positions and pursued objectives of States, and the results of the forthcoming process, the international community will not be in a position to avoid the implication of the Authority, in view of its recognised competencies and responsibilities, in the management of the Area and the protection of its resources.

4. The Promise of Rare Earths

In the years 2010-2011, the possibility of exploiting rare earths seemed more and more probable and references to these resources began to emerge within the Authority.

In a briefing paper commissioned by the Authority in 2012, a presentation of rare earth elements (REE) as well as their importance for high and green technology was made.[70] According to the author:

---

[68] "The future we want", A/Res/66/288, para. 162, dated 11 September 2012.
[69] General Assembly Resolution A/Res/68/70 dated 9 December 2013.
[70] International Seabed Authority. Briefing Paper 02/12. *Prospects for Rare Earth Elements from Marine Minerals*. Jim Hein, May 2012.

REEs compose the lanthanide group of 15 elements in the periodic table; 14 of which occur in nature and one, promethium, that does not occur in nature ... The uses of REE in modern societies are extensive and include hybrid and electric cars, wind turbines, weapon systems, motors, magnets for many applications ... New considerations for the augmentation of REE supplies come from the REEs in the very tonnage deep-ocean mineral deposits, specifically polymetallic nodules and cobalt-rich crusts.

According to an article in *Le Monde* dated 21 March 2013:

Japanese scientists claim having found REE deposits near the Island Minamitorishima, located some 2000 kilometers south-east of Tokyo in the Pacific Ocean. In a press release, scientists from Tokyo University and the Japan Agency for Marine-Earth Science and Technology announced that mud samples taken at a depth of 5,800 metres reveal strong concentrations of REEs.

In the light of these discoveries, the Authority launched a technical study to assess the economic potential of REEs and other trace elements contained in seabed deposits.[71]

In his report submitted to the 19th session of the Authority in 2013, the Secretary-General mentions that:

the secretariat has completed the first part of a technical study to determine grades and geographic variations of the abundance of individual rare earth elements in major geographic areas of interest for cobalt-rich crusts and polymetallic nodules, including the Central Pacific Ocean, the Central Indian Ocean and the South Atlantic Ocean.[72]

The second part of the study will address the viability of their commercial extraction and provide an indication of their economic potential.

Indeed, the possibility to extract rare earths from existing exploitation sites from the seabed area would increase their economic value. It would be up to the Authority to envisage the impact of this option in terms of regulations.

---

[71] ISBA/17/A/2, Report of the Secretary-General of the Authority, dated 13 June 2011.
[72] ISBA/19/A/2, §78, Report of the Secretary-General of the Authority, dated 22 May 2013.

VI. A Concluding Thought

It is generally acknowledged that the legal regime established by the Convention on the Law of the Sea is the most successful example of cooperation among sovereign States since the founding of the United Nations.

Within this regime, the Authority holds a special place as it remains for now the only international organization with powers of economic management over a large chunk of our planet and its resources, which were recognized as the common heritage of mankind close to half a century ago.

As the institution reaches its twentieth anniversary, it is important to keep in mind the complexity and difficulties associated with its birth and its development over the past two decades. It is against this background that the present standing of the organization must be appreciated.

With nearly universal approval from the international community, the organization is continuing to assert itself over the years as a very effective structure able to respond adequately to the needs of States.

The achievements and the level of support enjoyed by the Authority amply demonstrate its potential. One could easily conceive an extension of its operational mandate in order to provide States with innovative solutions to emerging challenges presently confronting them in the domain of the preservation of the deep sea environment and the development of all its resources, eventually including genetic resources.

***

ANNEX I
ADVISORY OPINION SUBMITTED TO THE SEABED DISPUTES CHAMBER OF THE INTERNATIONAL TRIBUNAL FOR THE LAW OF THE SEA

At its 161st meeting, the Council of the International Seabed Authority requested the Seabed Disputes Chamber to render an advisory opinion on the following questions:

1.   What are the legal responsibilities and obligations of States Parties to the Convention with respect to the sponsorship of activities in the Area in accordance with the Convention, in particular Part XI, and the 1994 Agreement relating to the Implementation of Part XI of the United Nations Convention on the Law of the Sea of 10 December 1982?

2.   What is the extent of liability of a State Party for any failure to comply with the provisions of the Convention, in particular Part XI, and the 1994 Agreement, by an entity whom it has sponsored under Article 153, paragraph 2 (b), of the Convention?

3.   What are the necessary and appropriate measures that a sponsoring State must take in order to fulfill its responsibility under the Convention, in particular Article 139 and Annex III, and the 1994 Agreement?

Text of the *dispositif* of the advisory opinion of the Seabed Disputes Chamber

The Chamber,

1. Unanimously,
Decides **that it has jurisdiction to give the advisory opinion requested.**

2. Unanimously,
Decides **to respond to the request for an advisory opinion.**

3. Unanimously,
Replies **to Question 1 submitted by the Council as follows:**

Sponsoring States have two kinds of obligations under the Convention and related instruments:

A.   The obligation to ensure compliance by sponsored contractors with the terms of the contract and the obligations set out in the Convention and related instruments.

This is an obligation of "due diligence". The sponsoring State is bound to make best possible efforts to secure compliance by the sponsored contractors.

The standard of "due diligence" may vary over time and depends on the level of risk and on the activities involved.

This "due diligence" obligation requires the sponsoring State to take measures within its legal system. These measures must consist of laws and regulations and administrative measures. The applicable standard is that the measures must be "reasonably appropriate".

B.   Direct obligations with which sponsoring States must comply independently of their obligation to ensure a certain conduct on the part of the sponsored contractors.

Compliance with these obligations may also be seen as a relevant factor in meeting the "due diligence" obligation of the sponsoring State.

The most important direct obligations of the sponsoring State are:

(a) The obligation to assist the Authority set out in article 153, paragraph 4, of the Convention;

(b) The obligation to apply a precautionary approach as reflected in principle 15 of the Rio Declaration and set out in the Nodules Regulations and the Sulfites Regulations; this obligation is also to be considered an integral part of the "due diligence" obligation of the sponsoring State and applicable beyond the scope of the two regulations;

(c) The obligation to apply the "best environmental practices" set out in the Sulfites Regulations but equally applicable in the context of the Nodules Regulations;

(d) The obligation to adopt measures to ensure the provision of guarantees in the event of an emergency order by the Authority for protection of the marine environment; and

(e) The obligation to provide recourse for compensation.

The sponsoring State is under a "due diligence" obligation to ensure compliance by the sponsored contractor with its obligation to conduct an environmental impact assessment set out in section 1, paragraph 7, of the annex to the 1994 Agreement. The obligation to conduct an environmental impact assessment is also a general obligation under customary law and is set out as a direct obligation for all States in article 206 of the Convention and as an aspect of the sponsoring State's obligation to assist the Authority under article 153, paragraph 4, of the Convention.

Obligations of both kinds apply equally to developed and developing States, unless specifically provided otherwise in the applicable provisions, such as principle 15 of the Rio Declaration, referred to in the Nodules Regulations and the Sulfites Regulations, according to which States shall apply the precautionary approach "according to their capabilities".

The provisions of the Convention which take into consideration the special interests and needs of developing States should be effectively implemented with a view to enabling the developing States to participate in deep seabed mining on an equal footing with developed States.

4. Unanimously,
Replies to Question 2 submitted by the Council as follows:

The liability of the sponsoring State arises from its failure to fulfill its obligations under the Convention and related instruments. Failure of the sponsored contractor to comply with its obligations does not in itself give rise to liability on the part of the sponsoring State.

The conditions for the liability of the sponsoring State to arise are:

(a) Failure to carry out its responsibilities under the Convention; and
(b) Occurrence of damage.

The liability of the sponsoring State for failure to comply with its "due diligence" obligations requires that a causal link be established between such failure and damage. Such liability is triggered by a damage caused by a failure of the sponsored contractor to comply with its obligations.

The existence of a causal link between the sponsoring State's failure and the damage is required and cannot be presumed.

The sponsoring State is absolved from liability if it has taken "all necessary and appropriate measures to secure effective compliance" by the sponsored contractor with its obligations. This exemption from liability does not apply to the failure of the sponsoring State to carry out its direct obligations.

The liability of the sponsoring State and that of the sponsored contractor exist in parallel and are not joint and several. The sponsoring State has no residual liability.

Multiple sponsors incur joint and several liability, unless otherwise provided in the Regulations of the Authority.

The liability of the sponsoring State shall be for the actual amount of the damage. Under the Nodules Regulations and the sulfites Regulations, the contractor remains liable for damage even after the completion of the exploration phase. This is equally valid for the liability of the sponsoring State.

The rules on liability set out in the Convention and related instruments are without prejudice to the rules of international law. Where the sponsoring State has met its obligations, damage caused by the sponsored contractor does not give rise to the sponsoring State's liability. If the sponsoring State has failed to fulfill its obligation but no damage has occurred, the consequences of such wrongful act are determined by customary international law.

The establishment of a trust fund to cover the damage not covered under the Convention could be considered.

5. Unanimously,
***Replies* to Question 3 submitted by the Council as follows:**

The Convention requires the sponsoring State to adopt, within its legal system, laws and regulations and to take administrative measures that have two distinct functions, namely, to ensure compliance by the contractor with its obligations and to exempt the sponsoring State from liability.

The scope and extent of these laws and regulations and administrative measures depends on the legal system of the sponsoring State.

Such laws and regulations and administrative measures may include the establishment of enforcement mechanisms for active supervision of the activities of the sponsored contractor and for coordination between the activities of the sponsoring State and those of the Authority.

Laws and regulations and administrative measures should be in force at all times that a contract with the Authority is in force. The existence of such laws and regulations, and administrative measures is not a condition for concluding the contract with the Authority; it is, however, a necessary requirement for carrying out the obligation of "due diligence" of the sponsoring State and for seeking exemption from liability.

These national measures should also cover the obligations of the contractor after the completion of the exploration phase, as provided for in regulation 30 of the Nodules Regulations and regulation 32 of the Sulphides Regulations.

In the light of the requirement that measures by the sponsoring States must consist of laws and regulations and administrative measures, the sponsoring State cannot be considered as complying with its obligations only by entering into a contractual arrangement with the contractor.

The sponsoring State does not have absolute discretion with respect to the adoption of laws and regulations and the taking of administrative measures. It must act in good faith, taking the various options into account in a manner that is reasonable, relevant and conducive to the benefit of mankind as a whole.

As regards the protection of the marine environment, the laws and regulations and administrative measures of the sponsoring State cannot be less stringent than those adopted by the Authority, or less effective than international rules, regulations and procedures.

The provisions that the sponsoring State may find necessary to include in its national laws may concern, inter alia, financial viability and technical capacity of sponsored contractors, conditions for issuing a certificate of sponsorship and penalties for non-compliance by such contractors.

It is inherent in the "due diligence" obligation of the sponsoring State to ensure that the obligations of a sponsored contractor are made enforceable.

Specific indications as to the contents of the domestic measures to be taken by the sponsoring State are given in various provisions of the Convention and related instruments. This applies, in particular, to the provision in article 39 of the Statute prescribing that decisions of the Chamber shall be enforceable in the territories of the States Parties, in the same manner as judgments and orders of the highest court of the State Party in whose territory the enforcement is sought.

Done in English and French, both texts being authoritative, in the Free and Hanseatic City of Hamburg, this first day of February, two thousand and eleven, in three copies, one of which will be placed in the archives of the Tribunal and the others will be sent to the Secretary-General of the International Seabed Authority and to the Secretary-General of the United Nations.

(Signed) Tullio Treves
President

(Signed) Philippe Gautier
Registrar

[Original: English and French]
ISBA/17/C/6 - ISBA/17/LTC/5

***

ANNEX II
BASIC DOCUMENTS, EXPLORATION CODES, WORKSHOP PROCEEDINGS AND TECHNICAL STUDIES
(from the site: www.isa.org.jm)

Basic documents:

United Nations Convention on the Law of the Sea, Montego Bay, 10 December 1982. In force 16 November 1994. 1833 United Nations Treaty Series, No. 1-31363, p. 397; 21 International Legal Materials 1261 (1982).

Agreement relating to the implementation of Part XI of the United Nations Convention on the Law of the Sea of 10 December 1982. In force 28 July 1994.

General Assembly resolution 48/263; 33 International Legal Materials 1309 (1994); United Nations Treaty Series, vol. 1836, No. 1-31364, p. 42.

Prospecting and Exploration Codes:

Regulations on Prospecting and Exploration for Polymetallic Nodules in the Area. Adopted 13 July 2000 (ISBA/6/A/18 dated 4 October 2000). Also reproduced in Selected Decisions 6 , pp. 31-68.

Decision of the Assembly of the International Seabed Authority regarding the amendments to the Regulations on Prospecting and Exploration for Polymetallic Nodules in the Area (ISBA/19/A/9 dated 25 July 2013).

Regulations on Prospecting and Exploration for Polymetallic Sulphides in the Area. Adopted 7 May 2010 (ISBA/16/A/12/Rev.1 dated 15 November 2010). Also reproduced in Selected Decisions 16, pp. 35-75.

Regulations on Prospecting and Exploration for Cobalt-rich Ferromanganese Crusts in the Area. Adopted 27 July 2012 (ISBA/18/A/11 dated 22 October 2012).

Decision of the Assembly of the International Seabed Authority concerning overhead charges for the administration and supervision of exploration contracts. ISBA/19/A/12 dated 25 July 2013.

Workshop Proceedings:

Deep Seabed Polymetallic Nodule Exploration: Development of Environmental Guidelines; Proceedings of the International Seabed Authority's Workshop held in Sanya, Hainan Island, People's Republic of China, 1-5 June 1998. ISBN: 976-610-289-9.

Proposed Technologies for mining Deep-seabed polymetallic nodules: Proceedings of the International Seabed Authority's Workshop held in Kingston, Jamaica, August 3-6, 1999. ISBN: 976-610-311-9.

Minerals other than Polymetallic Nodules of the International Seabed Area; Proceedings of the International Seabed Authority's Workshop, Kingston, Jamaica, June 26-30, 2000. ISBN: 976-610-647-9.

Standardization of Environmental Data and Information: Development of Guidelines; Proceedings of the International Seabed Authority's Workshop, Kingston, Jamaica, June 25-29, 2001. ISBN: 976-610-486-7.

Prospects for International Collaboration in Marine Environmental Research to enhance understanding of the Deep-sea Environment: Proceedings of the 29 July - 2 August 2002 Workshop held in Kingston, Jamaica. ISBN: 976-610-558-8.

Development of a Geological Model of the Polymetallic Nodule Resources in the Clarion-Clipperton Fracture Zone: Proceedings of the 13-20 May 2003 workshop held in Nadi, Fiji. ISBN: 976-95217-3-6.

Polymetallic Sulphides and Cobalt-Rich Ferromanganese Crusts Deposits: Establishment of Environmental Baselines and an Associated Monitoring Programme during Exploration. Proceedings of the 6-10 September 2004 Workshop held in Kingston, Jamaica. ISBN: 976-95155-7-4.

Polymetallic Nodule Mining Technology: Current Status and Challenges Ahead. Proceedings of the 18-22 February 2008 Workshop held in Chennai, India. ISBN: 978-976-8241-08-5.

Technical Reports & Studies:

- Implementation of Article 82 of the United Nations Convention on the Law of the Sea. Technical Study: No. 12, 2013.
- Towards the Development of a Regulatory Framework for Polymetallic Nodule Exploitation in the Area. Technical Study: No. 11, 2013.
- Environmental Management Needs for Exploration and Exploitation of Deep Sea Minerals. Technical Study: No. 10. ISBN: 978-976-8241-04-7.
- Environmental Management of Deep-Sea Chemosynthetic Ecosystems: Justification of and Considerations for a Spatially-Based Approach. Technical Study: No. 9. ISBN: 978-976-95268-9-1.
- Fauna of Cobalt-Rich Ferromanganese Crust Seamounts. Technical Study: No. 8. ISBN: 978-976-95268-7-7.
- Marine Benthic Nematode Molecular Protocol Handbook (Nematode Barcoding). Technical Study: No. 7. ISBN: 978-976-95268-8-4.
- A Geological Model of Polymetallic Nodule Deposits in the Clarion-Clipperton Fracture Zone. Technical Study: No. 6. ISBN: 978-976-95268-2-2.

- Non-Living Resources of the Continental Shelf Beyond 200 Nautical Miles: Speculations on the Implementation of Article 82 of the United Nations Convention on the Law of the Sea. Technical Study: No. 5. ISBN: 978-976-95268-1-5.
- Issues associated with the Implementation of Article 82 of the United Nations Convention on the Law of the Sea. Technical Study: No. 4. ISBN: 978-976-95217-7-3.
- Biodiversity, Species Ranges and Gene Flow in the Abyssal Pacific Nodule Province: Predicting and Managing the Impacts of Deep Seabed Mining. Technical Study: No.3. ISBN: 978-976-95217-2-8.
- Marine Mineral Resources: Scientific Advances and Economic Perspectives (A joint UN-DAOLOS/ISA Publication). ISBN: 976-610-712-2.
- Patents Issued for Technologies for Deep Seabed Polymetallic Nodule Exploration and Mining: 1960-1998; (July 2001) Volumes 1-5; Volumes 6-10; ISBN: 976-610-389-5.
- Polymetallic Massive Sulphides and Cobalt-rich Ferromanganese Crusts: Status and Prospects Technical Study: No.2. ISBN: 976-610-467-0.
- Global Non-living Resources on the extended Continental Shelf: Prospects at the year 2000. Technical Study: No.1. ISBN: 976-610-375-5.

***

SELECT BIBLIOGRAPHY

Anderson, David. Further Efforts to Ensure Universal Participation in the United Nations Convention on the Law of the Sea. *International and Comparative Law Quarterly*, 43 (4) October 1994, pp. 886-893.

Anderson, David. Resolution and Agreement relating to the Implementation of Part XI of the UN Convention on the Law of the Sea: a general assessment. *Zeitschrift für ausländisches öffentliches Recht und Völkerrecht* 55 (2) 1995, pp. 275-289.

Arcari, Maurizio. La contribution de l'avis consultatif du 1er février 2011 de la chambre du Tribunal international du droit de la mer au droit de la responsabilité internationale. *Annuaire du droit de la mer*, 2011, Tome XVI, pp. 351-365.

Auzende, Jean-Marie. L'hydrothermalisme sous-marin. In Didier Ortolland et Jean-Pierre Pirat, *Atlas géopolitique des espaces maritimes*, 2e édition. Paris: Editions TECHNIP, 2010, pp. 273-278.

Bennouna, Mohamed. Les droits d'exploitation des ressources minérales des océans, *Revue générale de droit international public*, no. 1, 1980, pp. 120-143.

Bennouna, Mohamed. Les droits d'exploitation des ressources minérales des océans. In Daniel Bardonnet et Michel Virally (ed.), *Le nouveau droit international de la mer*, Paris: Pedone, 1983, pp. 117-139.

Berge, Stig et al. *Environmental Consequences of Deep Seabed Mining: Problem Areas and Regulations*. Lysaker, Norway: Fridtjof Nansen Institute, 1991, 135 p.

Blanc Altemir, Antonio. *El patrimonio comun de la humanidad: hacia un régimen juridico internacional para su gestion*. Barcelona, Bosch: Casa Editorial S.A, 1992, 280 p.

Bothe, Michael. The Protection of the Marine Environment against the impacts of Seabed Mining: an assessment of the new Mining Code of the International Seabed Authority. In Peter Ehlers, Elisabeth Mann-Borgese and Rüdiger Wolfrum (ed.), *Marine Issues: From a Scientific, Political and Legal Perspective*. The Hague: Kluwer Law International, 2002, pp. 221-231.

Brown, Edward Duncan. The 1994 Agreement on the implementation of Part XI of the United Nations Convention on the Law of the Sea: breakthrough to universality?, *Marine Policy*, 19(1) January 1995, pp. 5-20.

Brown, Edward Duncan. *Seabed Energy and Minerals: the International Legal Regime*. Vol. 2. *Sea-bed Mining*. The Hague: Martinus Nijhoff Publishers, 2001.

Caflisch, Lucius. The Settlement of Disputes relating to activities of the International Seabed Area. In Christos Rozakis and Constantine Stephanou, *The New Law of the Sea*. Amsterdam: North-Holland, 1983, pp. 303-344.

Churchill, Robin Rolf, and Alan Vaughan Lowe. *The law of the sea*. 3rd ed. Manchester, U.K.: Manchester University Press, 1999, pp. 223-254.

De Marffy-Mantuano, Annick. L'Autorité internationale des fonds marins: une organisation en devenir? *Annuaire du droit de la mer* 2011, Tome XVI, pp. 307-320.

Egede, Edwin. *Africa and the Deep Seabed Regime: Politics and International Law of the Common Heritage of Mankind.* Heidelberg: Springer, 2011.

Freestone, David. Advisory Opinion of the Seabed Disputes Chamber of the International Tribunal for the Law of the Sea on "Responsibilities and Obligations of States Sponsoring Persons and Entities With Respect to Activities in the Area", *ASIL Insights*, Vol. 15, Issue 7 (March 9, 2011).

French, Duncan. From the Depths: Rich Pickings of Principles of Sustainable Development and General International Law on the Ocean Floor: the Seabed Disputes Chamber's 2011 Advisory Opinion. *International Journal of Marine and Coastal Law*, 26 (4) October 2011, pp. 525-568.

Goldie, Frederick. *Special Problems concerning Deep Seabed Mining in the event of Non-participation in UNCLOS: Prospect for a Reciprocating States Regime, Site certainty, Investment Assurance and Potential Litigation, in United States Law of the Sea Policy: Options for the Future.* Oceans Policy Study Series. Dobbs Ferry (N.Y.): Oceana Publications, 1985, pp. 157-184.

Handl, Günther. Responsibilities and Obligations of States Sponsoring Persons and Entities with respect to activities in the Area: the International Tribunal of the Law of the Sea's recent contribution to international environmental law. *Review of European Community, International and Comparative Law*, 20 (2) 2011, pp. 208-213.

Harrison, James. Developments in the Deep Seabed Mining Regime. In *Making the Law of the Sea: a study in the development of the International Law*. Cambridge University Press, 2011, pp. 115-153.

Hartley, David. Guarding the final frontier: the future Regulations of the International Seabed Authority. *Temple International and Comparative Law Journal*, 26 (2) 2012, pp. 335-366.

Hayashi, Moritaka. Japan and Deep Seabed Mining. *International Law*, 17, 1986, pp. 351-365.

Jaenicke, Günther. Joint ventures for deep seabed mining operations. *Zeitschrift für ausländisches öffentliches Recht und Völkerrecht*, 55 (2) 1995, pp. 329-338.

Jarmache, Elie. Le cadre juridique de l'administration des ressources de la Zone. *Annuaire du droit de la mer*, 2011, Tome XVI, pp. 299-306.

Jarmache, Elie. La Zone, un concept révolutionnaire, ou un rêve irréaliste?, *Annales des mines*, no. 70, Avril 2013, pp. 71–76.

Le Gurun, Gwenaëlle. EIA and the International Seabed Authority. In Kees Bastmeier and Timo Koivurova (ed.), *Theory and Practice of Transboundary Environmental Impact Assessment*. Leiden/Boston: Martinus Nijhoff Publishers, 2008, pp. 221-263.

Le Gurun, Gwenaëlle. What role for the International Seabed Authority in a future governance of biodiversity in the high seas? *Oceanis: Documents Océanographiques*, 35 (1/2) 2009, pp. 167-178.

Le Gurun, Gwenaëlle. Les ressources minérales et la Zone internationale des fonds marins. In Didier Ortolland et Jean-Pierre Pirat, *Atlas géopolitique des espaces maritimes*. 2ᵉ édition. Paris: Editions TECHNIP, 2010, pp. 261-272.

Le Gurun, Gwenaëlle. Some Reflections on the Evolutionary approach to the establishment of the International Seabed Authority. In Myron Nordquist and Michael Lodge (ed.), *Peaceful Order in the World's Oceans: Essays in Honour of Satya Nandan*. Leiden: Brill, 2014, pp. 249-264.

Lenoble, Jean-Pierre. Les conséquences possibles de l'exploitation des nodules polymétalliques sur l'environnement marin. In Jean-Pierre, Beurier, Alexandre Kiss et Said Mahmoudi (ed.), *New Technologies and Law of the Marine Environment/ Nouvelles technologies et droit de l'environnement marin*. The Hague: Kluwer Law International, 2000, pp. 111-126.

Lévy, Jean-Pierre. Les bons offices du Secrétaire général en faveur de l'universalité de la Convention des Nations Unies sur le droit de la mer: l'adoption de l'Accord du 28 Juillet 1994. *Revue générale de droit international public*, no. 4, 1994, pp. 871-898.

Lévy, Jean-Pierre. *Le destin de l'Autorité internationale des fonds marins*. Paris: Pedone, 2002.

Lévy, Jean-Pierre. La première décennie de l'Autorité internationale des fonds marins. *Revue générale de droit international public*, no. 1, 2005, pp. 101-122.

Lévy, Jean-Pierre. De quelques "modifications" et "interprétations" de la Convention sur le Droit de la Mer. *Revue générale de droit international public*, no. 2, 2007, pp. 407-422.

Lodge, Michael. International Seabed Authority's Regulations on prospecting and exploration for polymetallic nodules in the Area. *Journal of Energy and Natural Resources Law*, 20 (3) 2002, pp. 270–295.

Lodge, Michael. Environmental Regulation of Deep Seabed Mining. In Andree Kirchner (ed.), *International Marine Environmental Law: Institutions, Implementation and Innovations*. The Hague: Kluwer Law International, 2003, pp. 49-59.

Lodge, Michael. The International Seabed Authority – its future directions. In Myron Nordquist, John Norton Moore and Tomas Heidar (ed.), *Legal and Scientific aspects of Continental Shelf Limits*, pp. 403-409. Leiden: Martinus Nijhoff Publishers, 2004, pp. 403-409.

Lodge, Michael. International Seabed Authority Regulations on prospecting and exploration for polymetallic nodules in the Area. In Elizabeth Bastida, Thomas Wälde and Janeth Warden-Fernández (ed.), *International and Comparative Mineral Law and Policy: Trends and Prospects*. The Hague: Kluwer Law International, 2005, pp. 171–196.

Lodge, Michael. Current legal developments: International Seabed Authority. *International Journal of Marine and Coastal Law*, 26 (3) 2011, pp. 463-480.

Lodge, Michael. The Common Heritage of Mankind. *International Journal of Marine and Coastal Law*, 27 (4) 2012, pp. 733-742.

Lodge, Michael. Some Reflections on the first request to the Seabed Disputes Chamber for an Advisory Opinion. In Myron Nordquist, John Norton

Moore, Alfred Soons and Hak-So Kim (ed.) *The Law of the Sea Convention: US Accession and Globalization.* Leiden: Martinus Nijhoff Publishers, 2012, pp. 165-173.

Maljean-Dubois, Sandrine. L'enjeu de protection de l'environnement dans l'exploration et l'exploitation de la Zone: l'apport de l'avis de la Chambre du Tribunal international du droit de la mer du 1er février 2011. *Annuaire du droit de la mer,* 2011, Tome XVI, pp. 367-380.

Mahmoudi, Said. *The Law of Deep Sea-bed Mining.* Stockholm: Almqvist and Wilksell International, 1987.

Nandan, Satya. Administering the Mineral Resources of the Deep Seabed. In David Freestone, Richard Barnes and Davis Ong (ed.), *The Law of the Sea: Progress and Prospects.* New York: University of Oxford Press, 2006, pp. 75-92.

Nandan, Satya, Michael Lodge, and Shabtai Rosenne. *The Development of the Regime for Deep Seabed Mining.* Kingston: International Seabed Authority, 2002, also available at http://www.isa.org.jm/files/documents/EN/Pubs/Regime-ae.pdf

Nandan, Satya, Michael Lodge, and Shabtai Rosenne. *United Nations Convention on the Law of the Sea 1982: A Commentary,* Vol. VI. The Hague: Martinus Nijhoff Publishers, 2002.

Nordquist, Myron, Satya Nandan, and James Kraska. *United Nations Convention on the Law of the Sea 1982: A Commentary,* Vol. VII. The Hague: Martinus Nijhoff Publishers, 2011.

Nelson, Jason. The contemporary seabed mining regime: a critical analysis of the mining regulations promulgated by the International Seabed Authority. *Colorado Journal of International Environmental Law and Policy,* 16 (1) 2005, pp. 27-75.

Nelson, Dolliver. The New Deep Seabed Mining Regime. *International Journal of Marine and Coastal Law,* 10 (2) 1995, pp. 189-203.

Noyes, John. The Common Heritage of Mankind: past, present, and future. *Denver Journal of International Law and Policy,* 40 Winter/Spring, 2011-2012, pp. 447-471.

Oxman, Bernard. Law of the sea forum: the 1994 Agreement on implementation of the seabed provisions of the Convention on the Law of the Sea: the 1994 Agreement and the Convention. *American Journal of International Law,* 88(4) October 1994, pp. 687-696.

Piquemal, Alain. Genèse du régime juridique du concept de patrimoine commun de l'humanité et de la Zone dans le contexte de l'avis consultatif du Tribunal international du droit de la mer (TIDM). *Annuaire du droit de la mer,* 2011, Tome XVI, pp. 283-297.

Scovazzi, Tullio. Mining, Protection of the Environment, Scientific research and Bioprospecting: some considerations on the role of the International Seabed Authority. *International Journal of Marine and Coastal Law,* 19 (4) 2004, pp. 383–409.

Scovazzi, Tullio. L'exploitation des ressources génétiques marines au-delà des limites de la juridiction nationale. *Annuaire du droit de la mer,* 2011, Tome XVI, pp. 321-335.

Spicer, Wylie. Commentary: Seabed Mining still lacks ground rules. *The Northern Miner: The Global Mining Newsletter*, 2013-01-16.

Treves, Tullio. Vue d'ensemble sur l'avis consultatif du 1er février 2011. *Annuaire du droit de la mer*, 2011, Tome XVI, pp. 343-350.

Tuerk, Helmut. The principle of the Common Heritage of Mankind. In *Reflections on the Contemporary Law of the Sea*. Leiden: Martinus Nijhoff Publishers, 2012, pp. 31-48.

Wood, Michael. International Seabed Authority: the first four years. *Max Planck Yearbook of United Nations Law*, Vol. 3, 1999, pp. 173-241.

***

Celebrating 25 Years

INTERNATIONAL SEABED AUTHORITY

1994 - 2014

Les vingt ans de l'Autorité internationale des fonds marins

Jean-Pierre Lévy

TABLE DES MATIÈRES

Préface

M. Jean-Pierre Lévy, ancien Secrétaire de la Première Commission de la troisième Conférence des Nations Unies sur le droit de la mer et ancien Directeur de la Division des affaires maritimes et du droit de la mer, a participé à la troisième Conférence des Nations Unies sur le droit de la mer, à la Commission préparatoire de l'Autorité internationale des fonds marins et du Tribunal international du droit de la mer, aux consultations officieuses du Secrétaire général sur les questions en suspens concernant les dispositions de la Convention ayant trait à l'exploitation des grands fonds marins, ainsi qu'aux travaux de l'Autorité internationale des fonds marins, où il était membre de la Commission des finances.

Son livre, intitulé *Les vingt ans de l'Autorité internationale des fonds marins*, est une contribution exceptionnelle à l'histoire de cette organisation internationale. Il présente les difficultés qu'a éprouvées la communauté internationale à mettre en place la seule institution opérationnelle chargée de gérer, au bénéfice des générations actuelle et futures, les ressources communes mondiales qui ont été déclarées patrimoine commun de l'humanité.

Partant de l'institution envisagée dans la Convention des Nations Unies sur le droit de la mer de 1982, M. Lévy retrace la transformation qu'a subie l'Autorité internationale des fonds marins suite à l'adoption de l'Accord du 28 juillet 1994 relatif à l'application de la partie XI de la Convention et précise les aménagements qui ont dû être apportés à certaines dispositions pendant la phase d'organisation de la création de l'Autorité dès l'entrée en vigueur de la Convention.

L'ouvrage de M. Lévy offre une multitude d'informations sur les organes et organes subsidiaires de l'Autorité et sur les modalités de financement de l'Autorité depuis la phase initiale, lorsqu'elle était financée par l'Organisation des Nations Unies, jusqu'à maintenant où elle est financée par les États membres et l'Union européenne conformément à la pratique des Nations Unies.

L'ouvrage fait une large place aux aspects de fond des travaux de l'Autorité, notamment les ateliers scientifiques visant à faciliter les travaux de la Commission juridique et technique, les codes d'exploration des trois minéraux d'intérêt (nodules polymétalliques, sulfures polymétalliques et encroûtements cobaltifères de ferromanganèse), les contrats d'exploration avec l'Autorité et l'avenir de l'Autorité. Il récapitule les ateliers que l'Autorité a tenus en application de la Convention, qui dispose que la Commission juridique et technique devrait tenir compte dans ses travaux des vues d'experts reconnus, en particulier en ce qui concerne la protection du milieu marin. Il analyse brièvement les deux fonds qui ont été créés par l'Autorité pour financer la participation d'experts des pays en développement aux travaux de la Commission juridique et technique et de la Commission des finances, ainsi que leur participation aux programmes de recherche scientifique maritime dans la Zone.

L'ouvrage présente les trois codes d'exploration qui ont été adoptés par l'Autorité et les entités avec lesquelles elle a conclu des contrats en conséquence. Y est aussi analysée l'action menée par l'Autorité en matière de répartition des revenus qui seront tirés de l'exploitation des ressources minérales du plateau continental au-delà de 200 milles marins conformément à l'article 82.

En ce qui concerne l'avenir, l'ouvrage aborde la possibilité d'exploiter d'autres ressources des grands fonds marins tels que les métaux des terres rares, le rôle que peut jouer l'Autorité dans la gestion des ressources génétiques des grands fonds marins et l'éventuelle extension des activités de l'Autorité en matière de protection du milieu marin.

L'ouvrage de M. Lévy arrive à point nommé. Il ne manquera pas d'être utile aux chercheurs, aux universitaires et à toutes les personnes qui s'intéressent véritablement à ce nouveau domaine de l'activité humaine.

Le Secrétaire général
de l'Autorité internationale des fonds marins
Nii Allotey Odunton
Kingston, juin 2014

Introduction

C'était il y a vingt ans, le 16 novembre 1994 : tout Kingston était en liesse car ce jour célébrait l'entrée en vigueur de la Convention des Nations Unies sur le droit de la mer (« la Convention ») adoptée en 1982, et par voie de conséquence la création de l'Autorité internationale des fonds marins (« l'Autorité »), cette unique institution dont le siège avait été accordé à la Jamaïque près d'un quart de siècle plus tôt, lors d'un vote officieux pris au cours de la troisième Conférence des Nations Unies sur le droit de la mer (« troisième Conférence »)[1].

La session inaugurale de l'Autorité fut ouverte par le Secrétaire général de l'Organisation des Nations Unies, M. Boutros Boutros-Ghali et par le Premier ministre de la Jamaïque, M. Patterson.

Conscient de l'importance de cette date dans l'histoire du droit international de la mer, le Secrétaire général débuta son discours par ces mots : « La communauté internationale marque aujourd'hui à Kingston un événement qui restera inscrit dans les annales de l'histoire : l'entrée en vigueur de la Convention des Nations Unies sur le droit de la mer. Aujourd'hui aussi, comme le veut la Convention, se réunit en session inaugurale l'Assemblée de l'Autorité internationale des fonds marins.

Depuis longtemps, l'institution de normes de droit de grande portée qui s'appliqueraient à toutes les mers et à tous les océans constituait un rêve. La réalisation de ce rêve est au nombre des réussites les plus impressionnantes de notre siècle : c'est l'une des contributions les plus importantes de notre époque à l'histoire de l'humanité, qui restera marquée à tout jamais. »

Quant au Premier ministre de la Jamaïque, c'est avec fierté qu'il inaugura cette première réunion de l'Assemblée de l'Autorité pour laquelle la Jamaïque avait fait campagne pendant très longtemps. Il souligna que la Convention devait constituer une étape dans l'évolution du droit et que jamais auparavant il n'y avait eu une aussi grande universalité dans la négociation ni une tentative aussi sérieuse pour concilier pacifiquement les intérêts diversifiés et parfois conflictuels de tant de pays. Il traduit cet effort collectif dans un vœu qu'il formula en ces termes : « Je souhaite que la Convention constitue un moteur dans la coopération entre pays développés et en développement, qu'elle signifie une convergence d'intérêts entre les pays du Nord et du Sud. »[2]

---

[1] Lors de la reprise de la dixième session de la troisième Conférence des Nations Unies sur le droit de la mer, tenue à Genève en août 1981, un vote indicatif fut pris en séance officieuse afin d'incorporer au projet officieux de convention le nom du pays qui obtiendrait le siège de l'Autorité. Après l'élimination de Fidji, la Jamaïque l'emporta sur Malte au deuxième tour de scrutin par 76 voix contre 66.

[2] Les textes des discours figurent dans les archives de l'Autorité.

Cette Autorité qui voyait le jour était cependant fort différente de celle qui figurait dans la Convention adoptée en 1982. L'Accord du 28 juillet 1994 (« l'Accord de 1994 ») relatif à l'application de la partie XI de la Convention était passé par là et grâce à lui tous les États, y compris ceux qui s'étaient initialement opposés à la Convention, exprimaient à présent leur soutien pour cette nouvelle institution[3].

Une Autorité remodelée prenait place parmi les autres organisations internationales avec l'assurance que tous les États, et en particulier les grandes puissances industrialisées, lui permettraient d'exister et de perdurer. Cependant sa naissance avait lieu dans un contexte politique et économique totalement différent de celui qui avait présidé à sa conception. D'une part, l'organisation avait perdu son caractère supranational, et d'autre part ses membres avaient pris conscience des délais qui s'écouleraient avant qu'elle ne puisse effectivement exploiter les ressources du « patrimoine commun de l'humanité ». Dans ces conditions, et compte tenu de la complexité des dispositions de l'Accord de 1994, il était prévisible que l'établissement de cette institution constituerait une tâche complexe. Effectivement la mise sur pied de la structure organisationnelle de l'Autorité s'étendit sur plusieurs années.

Il faut rappeler avant tout que l'Autorité est la seule institution opérationnelle existante qui doit gérer au profit des générations présentes et futures une partie de notre planète, un espace, qui a été déclaré patrimoine commun de l'humanité. Ses pouvoirs s'exercent sur toutes les ressources minérales du sol et du sous-sol marin au-delà des juridictions nationales. Initialement, la fonction « économique » de l'Autorité concernait les nodules de manganèse, mais elle s'est intéressée ultérieurement à d'autres ressources minérales (principalement les sulfures polymétalliques et les encroûtements cobaltifères). En outre, l'Autorité pourrait être conduite à créer une « Entreprise » internationale dont le mandat irait au-delà de l'exploration et de l'exploitation pour inclure le transport, la transformation et la commercialisation des ressources.

La nature économique ainsi que les potentialités de l'organisation ont conduit les différents groupes d'intérêts à adopter des règles de fonctionnement particulières destinées à sauvegarder leurs intérêts. Il en était ainsi en particulier en ce qui concerne les investisseurs pionniers (sept États ou groupes industriels intéressés à l'exploration des ressources des fonds marins) enregistrés auprès de la Commission préparatoire de l'Autorité internationale des fonds marins et du Tribunal international du droit de la mer (« la Commission préparatoire »), créée après la signature de la Convention.

Singulièrement, l'Autorité a pour tâche d'organiser et de contrôler les activités menées dans la Zone aux fins de l'administration des ressources de celle-ci, alors que leur exploitation n'a pas encore débuté, vingt ans après la création de l'organisation et ne semble pas encore pouvoir être envisagée dans un avenir immédiat.

---

[3] R.R. Churchill and V. Lowe, *The Law of the Sea*, Manchester University, 1999 ; M. Hayashi, « The 1994 Agreement for the universalisation of the Law of the Sea Convention », *Ocean Development and International Law*, Vol. 27, No. 1-2, 1996 ; J.-P. Lévy « Les bons offices du Secrétaire général en faveur de l'universalité de la Convention sur le droit de la mer (La préparation de l'Accord adopté par l'Assemblée générale du 28 Juillet 1994) », *Revue générale de droit international public*, n° 4, 1994, pp. 871-898.

En 2004, les journées commémoratives du dixième anniversaire de l'Autorité se sont déroulées dans une atmosphère de modestie et de sobriété qui illustrait bien les doutes qui subsistaient encore quant à la valeur de son existence et de son programme de travail. Les premières dix années n'avaient pas vraiment permis à l'Autorité de s'affirmer et de convaincre la communauté internationale de son potentiel[4].

Aujourd'hui en 2014, c'est-à-dire dix ans après, alors que l'on fête le vingtième anniversaire de l'Autorité, ces doutes se sont totalement dissipés et la communauté internationale reconnaît pleinement le rôle central que peut jouer l'Autorité dans la préservation et la gestion des océans, et tout particulièrement ses fonds marins et leurs ressources.

L'ensemble de la communauté internationale fait à présent confiance à l'Autorité tout en surveillant de très près l'évolution de ses activités. D'une part, les États ne veulent pas lui permettre d'être trop active afin d'éviter qu'elle ne se lance dans des opérations onéreuses, qui en outre risqueraient de porter préjudice aux initiatives nationales, et d'autre part, ils tiennent à ce qu'elle se développe de façon efficace afin de permettre une exploitation future contrôlée des ressources des fonds marins, de promouvoir la protection de l'environnement marin et d'offrir éventuellement une réponse satisfaisante à certains problèmes émergents.

Ces impératifs expliquent qu'ayant établi la structure de l'Autorité au cours des premières années de son existence (I), et assuré sa viabilité financière (II), les États ont coopéré avec l'Autorité afin d'accroître les connaissances scientifiques de la Zone (III) et ont définitivement sanctionné le rôle prééminent de l'Autorité dans la gestion des ressources de la Zone (IV). Bien qu'ayant toute confiance en l'Autorité, les États s'interrogent cependant sur la future orientation de ses travaux, compte tenu des controverses que susciteraient le rôle central qu'elle pourrait jouer dans la protection de l'environnement marin, la redistribution des richesses du plateau continental au-delà des 200 milles, et son rôle possible dans la gestion des ressources génétiques des fonds marins ou d'autres ressources telles que les « terres rares » (V).

---

[4] J.-P. Lévy, « La première décennie de l'Autorité internationale des fonds marins », *Revue générale de droit international public,* n° 1, 2005, pp.101-122.

I. *La phase institutionnelle*

Il fallut quelques années pour constituer les principaux organes de l'Autorité, compte tenu de la complexité des dispositions de la Convention, et surtout de l'Accord de 1994 qui avait modifié la nature et le fonctionnement du régime international des fonds marins[5].

1. L'Assemblée

Conformément au paragraphe 2 de l'article 156 de la Convention, tous les États parties sont ipso facto membres de l'Autorité, et en vertu de l'article 160 l'Assemblée est considérée comme l'organe suprême de l'Autorité[6].

Cependant, l'Accord de 1994 établit une suprématie de fait du Conseil et réduit indirectement la position dominante de l'Assemblée. Ainsi, contrairement au texte de la Convention, l'Accord de 1994 précise que « les politiques générales de l'Autorité sont arrêtées par l'Assemblée en collaboration avec le Conseil » (Annexe, section 3, paragraphe 1).

La règle du consensus est clairement établie. Toutefois l'Assemblée peut voter et prendre des décisions sur les questions de procédure à la simple majorité des membres présents et votants et sur les questions de fond, à la majorité des deux tiers des membres présents et votants, tel qu'il est prévu à l'article 159, paragraphe 8, de la Convention.

Il est prévu par l'Accord de 1994 que sur toute question qui relève également de la compétence du Conseil ou sur toute question ayant des incidences financières, l'Assemblée ne peut se prononcer que sur la base des recommandations du Conseil. Au cas où l'Assemblée n'accepterait pas les recommandations du Conseil, il y aurait un renvoi à ce dernier qui réexaminerait la question à la lumière des vues exprimées par l'Assemblée. La fin ultime de ce processus qui ne va pas sans évoquer une sorte de navette n'est pas précisée, mais l'esprit de cette disposition de l'Accord de 1994 illustre clairement le renversement des relations hiérarchiques au bénéfice du Conseil.

La première session de l'Assemblée fut organisée en trois parties : une brève session inaugurale lors de l'entrée en vigueur de la Convention, suivie de deux sessions de fond. Dès la deuxième partie de la première session qui se tint en février 1995, le bureau de l'Assemblée fut élu sous la présidence de l'ambassadeur Hasjim Djalal d'Indonésie.

---

[5] Voir M. C. Wood, « International Seabed Authority : The first four years », *Max Planck Yearbook of United Nations Law*, Vol. 3, 1999, pp. 173-241.

[6] Au 1er janvier 2014, 165 États et l'Union européenne étaient membres de l'Autorité.

L'Assemblée fut ainsi à même de commencer immédiatement ses travaux et d'adopter en fin de session son règlement intérieur. Il lui incombait alors d'élire les trente-six membres du Conseil selon les dispositions prévues par l'Accord de 1994. A cette fin, le président Djalal se lança dans une série de laborieuses consultations qui allaient s'étendre sur une période de plus d'un an.

Depuis la première élection des membres du Conseil qui fut particulièrement difficile, ainsi que la première élection des membres de la Commission des finances au cours de l'année 1996, l'Assemblée a siégé comme une sorte de « chambre haute », appelée à sanctionner les discussions et décisions du Conseil. En cela, elle s'est totalement conformée à la lettre et à l'esprit de l'Accord de 1994.

2. Le Conseil

Le Conseil se compose de trente-six membres, répartis en cinq chambres, élus par l'Assemblée dans un certain ordre. En principe les États sont élus pour quatre ans mais afin de résoudre les difficultés rencontrées lors de la première élection on a établi un système de rotation au sein des groupes permettant à certains États d'être élus pour une période de deux ans alors que d'autres étaient élus pour quatre ans. Cette pratique a parfois été maintenue ultérieurement dans certains groupes afin d'offrir à un nombre plus important d'États la possibilité de siéger au Conseil.

En vertu de la Convention et de l'Accord de 1994, les trente-six membres sont élus de la façon suivante[7] :

A **Quatre membres** sont choisis parmi les États parties dont la consommation ou les importations nettes de produits de base relevant des catégories de minéraux devant être extraits de la Zone ont dépassé au cours des cinq dernières années pour lesquelles il existe des statistiques deux pour cent en valeur du total mondial de la consommation ou des importations de ces produits de base, comprenant l'État d'Europe orientale ayant l'économie la plus importante de la région et l'État qui au moment de l'entrée en vigueur de la Convention avait l'économie la plus importante en termes de produit intérieur brut (en fait la Fédération de Russie et les États-Unis).

B **Quatre membres** sont choisis parmi les huit États parties qui ont effectué les plus gros investissements dans les activités menées dans la Zone internationale.

C **Quatre membres** sont choisis parmi les États parties qui sont les principaux exportateurs nets des catégories de minéraux devant être extraits de la Zone, dont au moins deux États en développement dont l'économie est fortement tributaire de leurs exportations de ces minéraux.

D **Six membres** sont choisis parmi les États parties en développement représentant des intérêts particuliers.

E **Dix-huit membres** sont choisis suivant le principe d'une répartition géographique équitable de l'ensemble des sièges du Conseil.

---

[7] Les groupes d'États appartenant aux trois premières catégories (A, B et C) devront constituer une chambre chacun pour les votes alors que les groupes d'États des deux dernières catégories (D et E) seront considérés comme une seule chambre pour les votes.

La question de la représentation géographique a récemment pris un éclairage inattendu dans la mesure où de nombreux États faisant jadis partie du groupe régional de l'Europe de l'Est ont intégré l'Union Européenne. Etant donné que la composition de nombreux organes est basée sur le nombre de représentants appartenant à divers groupes régionaux, la logique appelle une remise en cause des clefs de répartition traditionnelle[8].

Les décisions de fond au sein du Conseil doivent en principe être prises par consensus. En l'absence de consensus, elles sont prises à la majorité des deux tiers des membres présents et votants à condition que ces décisions ne suscitent pas l'opposition de la majorité au sein de l'une quelconque des chambres qui ont été créées en remplacement des catégories d'États prévues à l'article 161 de la Convention. Notons que des abstentions dans l'une des chambres réduiraient automatiquement le nombre de votes négatifs nécessaires pour s'opposer à une décision[9].

La prise de décision par consensus est cependant la règle obligatoire pour les questions prévues par l'article 162, paragraphe 2, lettres m) et o) de la Convention, c'est-à-dire celles visant un système de compensation ou des mesures d'assistance, celles visant les contributions prévues à l'article 82 (exploitation du plateau continental étendu), ainsi que les règles, règlements et procédures de l'Autorité s'appliquant à sa propre gestion et à celle de la Zone et de ses ressources, et aux amendements de la Partie XI.

Compte tenu de la complexité des dispositions de l'Accord de 1994, ce n'est qu'à la fin de la première partie de la deuxième session de l'Autorité en mars 1996 qu'un accord fut obtenu sur la composition du Conseil et que ses membres purent être élus.

La composition des cinq chambres, en 1996, lors de la première élection des membres du Conseil fut la suivante :

Chambre A	États-Unis, Fédération de Russie, Japon, Royaume-Uni
Chambre B	Allemagne, Chine, France, Inde
Chambre C	Canada, Chili, Indonésie, Zambie
Chambre D	Bangladesh, Brésil, Cameroun, Nigeria, Oman, Trinité-et-Tobago

---

[8] Cette question se pose pour l'Autorité, mais la même situation existe dans de nombreuses organisations internationales. Une solution d'ensemble devra être trouvée rapidement. En l'absence de décision sur la question, et à titre d'exemple, on peut rappeler que lors de la commémoration du dixième anniversaire de l'Autorité, c'est le représentant de la République tchèque (membre de l'Union Européenne) qui a pris la parole au nom du groupe des pays de l'Europe de l'Est (ex-socialistes).

[9] R. Wolfrum, « The decision-making process according to Section 3 of the Annex to the Implementation Agreement : A model to be followed for other international economic organizations? » *ZaoRV,* 55 (2), 1995, pp. 310-328.

Chambre E	Afrique du Sud, Argentine, Autriche, Cuba, Égypte, Italie, Kenya, Malaisie, Namibie, Paraguay, Pays-Bas, Philippines, Pologne, République de Corée, Sénégal, Soudan, Tunisie, Ukraine (et la Jamaïque occupant le « siège flottant »)

En effet la Jamaïque allait pouvoir participer aux discussions sans droit de vote, en vertu d'un accord concernant un « siège flottant ». Lors des négociations concernant la composition du Conseil il fallut tenir compte de deux impératifs : d'une part la répartition par « chambre » et d'autre part les exigences des groupes géographiques d'avoir une représentation proportionnelle à leur importance. La seule solution qui fut trouvée consista à ajouter un trente-septième membre au Conseil en précisant qu'il n'aurait pas droit de vote et qu'il serait choisi successivement chaque année parmi les membres des différents groupes régionaux, à l'exception du groupe des pays de l'Est[10].

Dès 1998 la pratique s'instaura de renouveler partiellement les membres du Conseil tous les deux ans, ce qui ne posa pas de problème particulier. Cependant ayant perdu leur qualité de membres provisoires (voir II infra) le 16 novembre 1998, les États-Unis et le Canada furent remplacés au sein du Conseil en 1999 par l'Italie et l'Australie sans pour autant préjuger des candidatures aux élections générales qui devaient avoir lieu après quatre ans[11].

Lors de la dernière élection en 2012, le renouvellement de la moitié des membres du Conseil conduisit à la composition suivante pour l'année 2013[12] :

Chambre A	Chine, Italie, Japon, Fédération de Russie
Chambre B	Allemagne, France, Inde, République de Corée
Chambre C	Afrique du Sud, Australie, Canada, Chili
Chambre D	Bangladesh, Brésil, Égypte, Fidji, Jamaïque, Ouganda

---

[10] Il fut entendu que les sièges du Conseil seraient répartis de la façon suivante : dix sièges alloués au groupe africain, neuf au groupe asiatique, huit au groupe des Européens de l'Ouest et autres, sept sièges au groupe d'Amérique latine et Caraïbe, et trois au groupe de l'Europe de l'Est. Le siège additionnel (le trente-septième) fut placé en Chambre E, qui compte donc 19 sièges au lieu des 18 prévus. En 2012, le Qatar, du groupe asiatique, participa aux réunions du Conseil sans droit de vote, et en 2013 ce fut le tour du Brésil, du groupe Amérique latine et Caraïbe.

[11] La possibilité d'être membre provisoire de l'Autorité correspondait à l'application provisoire de l'Accord de 1994; voir A/RES/48/263, en date du 17 août 1994.

[12] Le Canada qui a ratifié la Convention le 7 novembre 2003 a pu obtenir un siège au Conseil lors des élections de 2004. Les États-Unis qui ont dû abandonner leur siège au Conseil lorsque leur statut de membre provisoire a disparu ne pourront le récupérer qu'après leur adhésion. Dans ce cas, conformément à un accord passé entre les États concernés, ils occuperont le siège actuellement détenu par l'Italie.

Chambre E	Argentine, Cameroun, Côte d'Ivoire, Espagne, Guyane, Indonésie, Kenya, Mexique, Mozambique, Namibie, Nigéria, Pays-Bas, Pologne, République Tchèque, Royaume-Uni de Grande-Bretagne et d'Irlande du Nord, Sénégal, Sri Lanka, Trinité-et-Tobago, Viet Nam[13]

Il n'est pas exclu qu'à long terme se pose un jour la question de la composition du Conseil de l'Autorité. En effet, la composition de ses différentes chambres, en particulier celle des chambres A (principales économies, consommation ou importation de plus de deux pour cent des minéraux trouvés dans la Zone), B (principaux investisseurs dans la Zone) et C (principaux producteurs des minéraux contenus dans les nodules) est basée exclusivement sur l'éventuelle exploitation des nodules de manganèse et leur contenu en nickel, cobalt, cuivre et manganèse. La logique qui avait prévalu lors de l'adoption des règles relatives à la composition du Conseil est susceptible d'être remise en cause dans la mesure où d'autres minéraux pourront être exploités et où le niveau économique des États risque de varier considérablement. Les prochaines élections partielles se tiendront en 2014.

3. Le Secrétariat

En 1983, la Division des affaires maritimes et du droit de la mer (« la Division ») de l'ONU établit un bureau à Kingston. Entre 1983 et 1994, ce bureau fut essentiellement utilisé lors des sessions de la Commission préparatoire et émargeait au budget des Nations Unies.

Entre novembre 1994 et mai 1996, l'Assemblée de l'Autorité ne parvint pas à élire le Conseil ce qui empêcha de procéder à l'élection d'un Secrétaire général. Durant cette période, ce fut le directeur de la Division qui fut responsable de la gestion de l'Autorité, et le bureau de Kingston forma l'embryon du Secrétariat de la nouvelle institution.

M. Satya Nandan (Fidji) fut élu Secrétaire général en mars 1996 et assuma toutes les responsabilités administratives de l'Autorité à compter du 1er juin 1996. Pour des raisons d'efficacité, il accepta le transfert à l'Autorité de tout le personnel qui composait le bureau et s'installa dans les locaux précédemment utilisés[14].

M. Nandan fut réélu en 2000, et en 2004 pour un troisième mandat de quatre ans. Compte tenu de la présence d'un autre candidat qui, fort du soutien du groupe africain, insista pour la première fois à ce que l'on procède à un vote formel, celui-ci fut organisé et donna les résultats suivants : 48 voix en faveur de M. Nandan, 29 voix en faveur de l'ambassadeur soudanais en Norvège, M. Charles d'Awol, et un bulletin nul.

---

[13] En 2014, en vertu d'un accord au sein du groupe de l'Europe de l'Ouest et autres, la Norvège remplacera l'Espagne dans la chambre E.

[14] L'ensemble du personnel s'élève actuellement à 40 fonctionnaires dont près de la moitié sont des agents des services généraux.

Ce troisième mandat avait nécessité un vote et ce facteur contribua à la décision de M. Nandan de ne pas se représenter pour un quatrième mandat. Ce fut son adjoint, M. Nii Allotey Odunton du Ghana qui lors de la quinzième session de l'Autorité fut élu Secrétaire général par acclamation le 5 juin 2008 pour un mandat de quatre ans commençant à courir le premier janvier 2009. Seul candidat, il fut réélu par acclamation pour un nouveau mandat de quatre ans lors de la dix-huitième session de l'Autorité en 2012.

4. La Commission des finances

La possibilité de créer un organisme financier spécialisé était prévue dans la Convention. En effet, le paragraphe 2 (y) de l'article 162 stipule sans donner aucune précision que l'Assemblée peut créer un tel organe. Cependant, c'est l'Accord de 1994 qui en précise les modalités de constitution, les fonctions et les méthodes de prise de décision. L'objectif recherché lors de la création d'une Commission des finances, conçue comme le gardien de l'orthodoxie financière de l'Autorité, était d'assurer le bien-fondé de toute demande de dépenses émanant des organes exécutifs ou administratifs de l'Autorité.

Ce qu'il faut souligner c'est que cette Commission composée de quinze membres doit automatiquement comprendre des représentants de chacun des cinq États versant les contributions les plus importantes au budget d'administration de l'Autorité aussi longtemps que celle-ci sera financée par les États. Cet impératif, associé à la circonstance que les États-Unis, lors de cette première élection jouissaient du statut de membre provisoire de l'Autorité, permettait lors de la première élection d'identifier les cinq membres de droit de la Commission des finances : les États-Unis, le Japon, la Fédération de Russie, l'Allemagne et la France.

Lors de la session d'août 1996 (seconde partie de la deuxième session), l'Assemblée procéda ainsi à l'élection des quinze membres de la Commission des finances pour un mandat de cinq ans débutant le 1er janvier 1997. De nombreuses consultations furent nécessaires afin de tenir compte des dispositions de l'Accord de 1994 qui prévoyait certaines conditions notamment : une répartition géographique équitable, la présence d'un membre au moins de chacune des chambres A, B, C et D du Conseil ainsi que des cinq plus grands contributeurs au budget de l'Autorité.

Après que les États-Unis eurent perdu leur statut de membre provisoire, et que la contribution de la Fédération de Russie au budget de l'Autorité eut été réduite, les cinq membres de droit de la Commission des finances étaient : le Japon, l'Allemagne, la France, le Royaume-Uni et l'Italie.

Le mandat des quinze membres fut renouvelé en 2001 pour une nouvelle période de cinq ans. De nouvelles élections eurent lieu en 2006 et en 2011 qui ne posèrent pas de problème particulier dans la mesure où chaque fois il n'y avait que quinze candidats présentés.

Toutes les questions ayant des incidences financières, y compris, bien entendu, le projet de budget annuel établi par le Secrétaire général de l'Autorité de même que le calcul des contributions des membres de l'Autorité à son budget, doivent être en premier lieu soumises à la Commission des finances. Le Conseil et a fortiori l'Assemblée doivent adopter toute décision ayant des incidences financières en tenant compte des recommandations de la Commission des finances. Cette dernière doit prendre ses décisions sur les questions de fond par consensus.

5. La Commission juridique et technique

La Convention, aux articles 164 et 165 de la partie XI, prévoit la création d'une Commission de planification économique et d'une Commission juridique et technique. La Commission de planification économique dont les fonctions devaient consister à évaluer les incidences économiques défavorables de l'exploitation des fonds marins sur les pays en voie de développement a purement et simplement été supprimée par l'Accord de 1994, ses fonctions étant confiées à la Commission juridique et technique. Elle pourra cependant être rétablie par décision du Conseil en particulier lors de l'approbation du premier plan de travail relatif à l'exploitation.

Le fonctionnement de la seule Commission subsistant, à savoir la Commission juridique et technique, suit les dispositions prévues dans la Convention en ce sens qu'elle demeure chargée, conformément à ce qui était initialement prévu, d'examiner les demandes d'approbation d'un plan de travail relatif à l'exploration et à l'exploitation des ressources des fonds marins. Elle doit aussi rédiger les projets de règles et règlements devant s'appliquer à l'exploration et à l'exploitation des ressources qui doivent être soumis au Conseil pour prise de décision.

Cette Commission devait en principe comprendre quinze experts élus par le Conseil, mais tirant profit d'une clause de la Convention permettant d'augmenter ce nombre si nécessaire, le président du Conseil, afin d'éviter de longues négociations sur la répartition des sièges entre chaque groupe régional, décidait, lors de la session d'août 1996, de permettre l'élection pour une durée de cinq ans des vingt-deux experts qui avaient soumis leur candidature.

A l'instar de cette procédure, lors du renouvellement de la Commission en 2001, vingt-quatre experts furent nommés pour une nouvelle période de cinq ans et en 2006, en suivant les précédents établis vingt-cinq experts furent élus. Confronté à cette inflation, le Conseil décida que lors du renouvellement de la Commission en 2011 le nombre d'experts de la Commission ne pourrait être supérieur à 25, ce qui fut le cas.

Le travail de cette Commission est essentiel dans la mesure où elle a la responsabilité du suivi des contrats d'exploration, ainsi que de la rédaction des projets de règles et règlements s'appliquant à la gestion des ressources des fonds marins. Les textes qu'elle prépare sont ensuite soumis au Conseil pour examen et décision. Le Conseil est tenu de prendre en compte les recommandations de la Commission lors de l'élaboration des règles, règlements et procédures pour l'exploration et l'exploitation conformément à l'article 162 (2)(o)(ii).

6. L'Entreprise

En vertu de la Convention, l'Entreprise devait représenter une institution centrale du régime international dans la mesure où elle permettait le développement des ressources des fonds marins indépendamment de la participation des États et des sociétés privées. L'Entreprise, considérée comme le bras opérationnel de l'Autorité, devait exploiter les ressources au nom de l'humanité et traduisait une application concrète du nouvel ordre économique international. L'Entreprise, selon les dispositions de la Convention, était un organisme indépendant en même temps qu'une société internationale, industrielle et commerciale. Cette société indépendante jouissait en outre d'un avantage économique par rapport aux États voulant exploiter les fonds marins dans la mesure où ces derniers étaient tenus de financer un site minier de l'Entreprise et de transférer leur technologie, c'est-à-dire en fait aider un concurrent, ce qui était, bien entendu inacceptable pour les pays industrialisés. L'Accord de 1994 supprima la mise sur pied immédiate d'une institution indépendante et son financement. L'Entreprise fut cependant maintenue, mais son existence et son fonctionnement sont à présent soumis à des conditions restrictives.

En vertu du § 1 de la section 2 de l'Annexe de l'Accord de 1994, « Le Secrétariat de l'Autorité s'acquitte des fonctions de l'Entreprise jusqu'à ce que celle-ci commence à fonctionner indépendamment du Secrétariat ». En effet, un fonctionnaire du Secrétariat agit en tant que directeur général par intérim de l'Entreprise et assure la représentation de cette dernière au cours des premières années de fonctionnement de l'Autorité. Etant donné que ses fonctions furent confiées au Secrétariat, rien ne marqua son indépendance, son originalité ou sa personnalité juridique.

Le § 2 précise que « Lorsqu'un plan de travail relatif à l'exploitation présenté par une entité autre que l'Entreprise sera approuvé ou lorsque le Conseil recevra une demande pour une opération d'entreprise conjointe avec l'Entreprise, le Conseil examinera la question du fonctionnement de l'Entreprise indépendamment du Secrétariat de l'Autorité. S'il estime que les opérations d'entreprise conjointe sont conformes aux principes d'une saine gestion commerciale, le Conseil adopte une directive autorisant le fonctionnement indépendant de l'Entreprise, conformément à l'article 170, paragraphe 2 de la Convention. »[15]

En fait, cela revient à dire que l'Entreprise devra conduire ses opérations dans le cadre d'une entreprise conjointe avec un opérateur et que le constat de la conformité de l'opération conjointe aux principes d'une saine gestion commerciale dépendra d'une décision du Conseil de l'Autorité.

---

[15] A/RES/48/263, en date du 17 août 1994, Annexe, section 2, paragraphe 2.

II. *Les finances de l'Autorité*

Au cours des trois premières années de son existence (1995-1997), les dépenses d'administration de l'Autorité ont été imputées sur le budget des Nations Unies, conformément aux dispositions de l'Accord de 1994 qui prévoyait au paragraphe 14 de la section 1 de son Annexe qu'il en serait ainsi jusqu'à la fin de l'année suivant celle de son entrée en vigueur. Celle-ci eut lieu le 28 juillet 1996.

C'est dans une certaine mesure en contrepartie de la possibilité pour certains États qui n'avaient pas ratifié la Convention (tels les États-Unis ou le Canada) d'être membres à titre provisoire de l'Autorité tout en obtenant le soutien du groupe des pays en voie de développement qu'il fut décidé que le budget initial de l'Autorité serait financé par le budget des Nations Unies, et non pas par les contributions de ses membres ainsi qu'il était prévu à l'article 171 de la Convention.

1. Le financement par le budget des Nations Unies

Lors de la préparation des budgets pour les années 1995 et 1996, les organes de l'Autorité n'avaient pas encore été mis en place et le Secrétaire général n'avait pas encore été élu. Le directeur de la Division des affaires maritimes et du droit de la mer qui était chargé d'administrer l'Autorité en l'absence de responsable élu, décida donc d'adopter une approche conservatrice et soumit des budgets de l'ordre de 2,5 millions de dollars des États-Unis ($EU) équivalents à peu près au coût de l'ancien Bureau du droit de la mer créé à Kingston en 1983 qui avait servi de secrétariat pour les réunions de la Commission préparatoire.

Dès sa prise de fonctions à la mi-96, le Secrétaire général prépara un projet de budget pour l'année 1997 qu'il soumit à la Commission des finances avant de le présenter aux organes financiers des Nations Unies. Ce budget reflétait pour la première fois la transformation d'un bureau de service rattaché à une division des Nations Unies en un Secrétariat devant servir une institution indépendante. De ce fait, ce budget s'éleva environ à 4.150.000 $EU dont 2.750.000 $EU au titre des dépenses d'administration devant couvrir la rémunération du personnel et les frais généraux, et 1.500.000 $EU au titre des services de conférences devant couvrir les frais afférents à deux réunions de quinze jours chacune.

2. Le financement par les États

Le budget pour l'année 1998 était le premier dont le financement devait être assuré par les contributions des États. L'Autorité disposait cependant d'un « trésor de guerre ». Il s'agissait du fonds spécial alimenté par les contributions qu'avaient faites les investisseurs pionniers lors de leur enregistrement auprès de la Commission préparatoire. Celui-ci avait été transféré à l'Autorité proprement dite après avoir été géré par la Division des affaires maritimes et du droit de la mer des Nations Unies. Il s'agissait de quelque 3 millions $EU.

Le budget pour l'année 1998 s'élevait à 4.703.900 $EU, dont 3.328.100 $EU pour les dépenses d'administration et 1.375.800 $EU pour les services de conférence. En outre il fut décidé de créer un fonds de roulement de 392.000 $EU à payer en deux fois au cours des exercices 1998/1999.

L'exécution du budget de l'année 1998 posa cependant quelques difficultés au Secrétaire général dans la mesure où certains États n'avaient pas fait de provisions budgétaires suffisantes sur le plan national et que d'autres États n'avaient pas payé leur dû. Ceci fut le cas en particulier des États-Unis dont la contribution, à l'instar de ce que l'on observait dans le contexte plus général des Nations unies, s'élevait à 25 % du budget total.

Le budget pour l'année 1999 s'élevait à 5.011.700 $EU dont 3.811.400 $EU pour les dépenses d'administration et 1.200.300 $EU pour les services de conférence. Le budget de l'Autorité voté pour l'an 2000 s'élevait à 5.275.200 $EU.

Au cours de la reprise de la sixième session, en juillet 2000, la Commission des finances eut à examiner pour la première fois non pas un projet de budget annuel, mais un projet biennal portant sur les années 2001 et 2002. L'Autorité avait en effet décidé pour des raisons d'efficacité d'adopter un cycle biennal bien que la Convention précisât, dans son article 172, l'annualité du budget. Cette modification n'avait pas été prévue dans l'Accord de 1994.

L'Autorité décida tout simplement d'ignorer cette disposition de la Convention, et pour se justifier souligna, en une curieuse circonvolution, que le budget bisannuel serait en fait exigible par tranche annuelle.

RÉCAPITULATIF DES BUDGETS 1995-2014 (EN $EU)

ANNÉES BUDGÉTAIRES	MONTANTS BUDGÉTAIRES
1995-1996	Budgets annuels de l'ordre de 2.500.000 $EU financés par les Nations Unies
1997	4.150.500 $EU financés par les Nations Unies
1998	4.703.900 $EU financés par les États
1999	5.011.700 $EU
2000	5.275.200 $EU

2001-2002	10.426.000 $EU
2003-2004	10.509.700 $EU
2005-2006	10.816.700 $EU
2007-2008	11.782.400 $EU
2009-2010	12.516.500 $EU
2011-2012	13.014.700 $EU
2013-2014	14.312.948 $EU*

* Ce budget était en hausse de 9,97 % par rapport au budget de l'exercice biennal précédent en dépit des politiques restrictives de la grande majorité des États confrontés à une crise économique et financière quasi mondiale. Cette augmentation trouve cependant sa justification par la « montée en puissance » de l'Autorité qui avait accordé, en plus des huit licences existantes, quatre licences d'exploration au cours de la session précédente et cinq autres au cours de cette dix-huitième session, ce qui lui conférait la gestion d'un total de dix-sept licences et amenait l'Autorité à prévoir la tenue au cours des prochaines années (en 2013 et 2014) de deux réunions de la Commission juridique et technique au lieu d'une.

3. Le barème des quotes-parts

En même temps que l'adoption du budget pour l'année 1998, qui était le premier devant être financé par les États, l'Autorité devait adopter le barème des quotes-parts.

Il importe de rappeler sa méthode d'établissement. De façon générale, le barème des quotes-parts au budget de l'ONU est calculé en fonction de « la capacité de paiement des États », en utilisant un certain nombre de critères comprenant entre autres, le revenu national brut (RNB) et sa conversion en $EU, une période de référence (moyenne du revenu sur une période de trois à six ans, un dégrèvement pour endettement et un dégrèvement pour faible revenu par tête). En outre, il est fixé un plafond et un plancher. Initialement le plafond était de 25% et le plancher s'établissait à 0,01%. La pratique onusienne veut que l'on utilise le barème de l'année en cours pour le budget de l'année suivante[16].

En vertu de l'article 160 §2 e) de la Convention et de la règle 6.2 du Règlement financier de l'Autorité, le barème des quotes-parts de l'Autorité « doit être basé » sur celui de l'ONU.

Au cours de la septième session de l'Autorité (2001), le Japon demanda que le plafond des contributions soit ramené de 25% à 22% en accord avec une décision qui avait été prise par l'Assemblée des Nations Unies lors de sa dernière session (automne 2000).

Cette décision prise en faveur des États-Unis dans le cadre des Nations Unies avait fait l'objet à New York d'un accord politique, et représentait la contrepartie de leur engagement de verser certains arriérés. Pour le Japon, plus important contributeur en l'absence des États-Unis, il s'agissait d'un précédent qui avait déjà été adopté dans d'autres organisations internationales et qui devait être généralisé. Son application à l'Autorité était de droit en raison de l'assimilation du barème applicable à celui en vigueur dans le cadre des Nations Unies, en vertu de l'article 160 §1(e) de la Convention.

Ainsi à l'instar de la pratique de l'ONU, lorsque la contribution du plus grand contributeur dépasse 22% on la ramène à ce taux et lorsqu'elle est inférieure, on utilise le chiffre obtenu. L'Autorité a donc adopté à partir du budget 2003/2004 un taux de 22% comme plafond et un taux de 0,01% comme plancher. Comme le taux s'appliquant au Japon se révéla supérieur à 22%, on appliqua le plafond.

La question se posa à nouveau en 2010 lors de l'adoption du budget 2011/2012. En effet, le taux applicable au Japon dans le cadre du budget des Nations unies fut réduit à 12,5%, ce qui (compte tenu du nombre inférieur d'États parties à l'Autorité) correspondait à 16,5 % pour l'Autorité.

Concernant le barème des contributions, le Japon avait ainsi demandé formellement que sa quote-part soit abaissée de 22% (le plafond précédemment fixé par l'Autorité) à 16,5 %. En dépit du fait qu'il s'agissait d'une stricte application des règles, il fallut de longues heures d'explication pour parvenir à une recommandation consensuelle fixant le taux de contribution du Japon à 16,5% et adoptant par voie de conséquence un nouveau barème de quotes-parts[17].

---

[16] Un problème se posa cependant pour le budget de 1999. En effet au sein des Nations Unies, le barème de 1998 allait être modifié pour l'année suivante en faveur de la Fédération de Russie dont la quote-part allait passer de 2,87 % à 1,48 %. Cette délégation s'opposa donc à l'adoption du barème lors de sa présentation à l'Assemblée et demanda que l'on applique déjà le barème de l'année suivante.

En l'absence d'accord au sein de l'Autorité, il fallut organiser une reprise de la quatrième session à New York les 12 et 13 octobre 1998. À la suite d'un vote, il fut décidé de maintenir la proposition initiale qui consistait à utiliser le barème de 1998 et il fut également décidé que ce dernier serait calculé après le 16 novembre 1998, date à laquelle certains États allaient perdre leur qualité de membre provisoire. Cette décision permettait à l'Autorité de préparer pour l'année 1999 un barème plus réaliste.

[17] En vertu de ce nouveau barème, la contribution de la France fut fixée à 8,105% correspondant à un montant d'environ 519.000 $EU, étant entendu que le Secrétariat réduirait les contributions des États en les créditant du montant des surplus de l'exercice précédent.

4. La contribution de la Communauté européenne

La Convention et l'Accord de 1994 sont entrés en vigueur à l'égard de la Communauté européenne le 1ᵉʳ mai 1998. Il importait de fixer sa contribution. La Communauté poursuivait différents objectifs dans le cadre des négociations destinées à déterminer le montant de sa contribution.

Ainsi que le mentionna son représentant à l'Autorité, « à défaut de pouvoir s'exonérer d'une participation financière, la Communauté aurait souhaité, en l'absence d'une disposition expresse l'obligeant à un financement additionnel, contribuer à chaque exercice, hors du barème établi pour les contributions au budget, aux seuls frais administratifs occasionnés par sa participation aux travaux des organes de l'Autorité »[18].

Les prises de position de la Communauté firent l'objet de nombreuses discussions et tractations. Elle n'obtint finalement que partiellement satisfaction, mais il s'agissait de points essentiels. Il était entendu que la contribution de la Communauté serait traitée différemment de celles des États, qu'elle ne ferait pas l'objet d'un calcul de pourcentage représentant une quote-part et qu'il s'agirait d'une contribution forfaitaire d'un montant négocié entre la Communauté et l'Autorité, susceptible d'être révisé compte tenu du montant total du budget et de l'évolution des contributions des États membres.

Dans un document soumis par la Communauté et accepté par l'Autorité, il est précisé : « La contribution au budget de l'Autorité versée par la Communauté européenne est d'une nature différente de celle des contributions mises en recouvrement auprès des États membres, et doit faire l'objet d'un accord entre la Communauté et l'Autorité avant d'être définitivement fixée. »[19]

La contribution européenne figure ainsi en dehors de la liste des quotes-parts des contributions étatiques qui représentent 100% des montants prévus dans le budget. Son montant est discuté au sein de la Commission des finances et fait l'objet d'une de ses recommandations.

Le montant initial versé par la Communauté européenne dans le cadre du budget de 1998 s'élevait à 75.000 $EU et 4.000 $EU au fonds de roulement. Au cours de la reprise de la quatrième session, dans une communication officielle à l'Assemblée, la Communauté accepta d'augmenter sa contribution et de verser au budget pour 1999 un montant forfaitaire de 80.000 $EU et 4.000 $EU au fonds de roulement. Ce montant fut maintenu pour le budget de l'an 2000, confirmant, s'il en était besoin, qu'il s'agissait bien d'une contribution forfaitaire.

La Communauté n'augmenta sa contribution à 100.000 $EU qu'à partir du budget 2009/2010. A cette occasion, l'Assemblée de l'Autorité nota que le « montant convenu

---

[18] Alain-Pierre Allo, « L'entrée en vigueur à l'égard de la Communauté européenne de la Convention des Nations Unies sur le droit de la mer du 10 décembre 1982 et de l'Accord du 28 juillet 1994 relatif à l'application de la partie XI de la Convention », *Espaces et ressources maritimes*, N° 11, 1997, pp. 11-33.

[19] Document ISBA/4/A/16, en date du 27 août 1998.

pour la contribution annuelle de la communauté européenne sera porté de 80.000 à 100.000 $EU et sera examiné tous les quatre ans »[20].

5. Les principaux contributeurs

La liste des principaux contributeurs ainsi que le montant exact des paiements effectués par les États parties ont varié au cours des années pour trois raisons :

(1) le nombre d'États parties à la Convention et par conséquent celui des membres de l'Autorité a augmenté régulièrement ;

(2) la « capacité de paiement » des États a varié en fonction de leur niveau économique ;

(3) lorsque l'Autorité a bénéficié d'un « surplus » lors de l'accomplissement d'un exercice budgétaire, celui-ci fut porté au crédit du budget de l'année suivante en accord avec le Règlement financier de l'Autorité et déduit des montants dus par les États.

PRINCIPAUX CONTRIBUTEURS EN 2000 (PLAFOND : 25%; PLANCHER : 0,01%)

ÉTATS	QUOTE-PART	MONTANTS APPROXIMATIFS
Japon	25%	1.200.000 $EU
Allemagne	15%	760.000 $EU
France	10%	500.000 $EU
Italie	8,3%	420.000 $EU
Royaume-Uni	7,8%	390.000 $EU
Espagne	4%	200.000 $EU
Pays-Bas	2,5%	125.000 $EU
Australie	2,3%	115.000 $EU
Brésil	2,26%	109.380 $EU (plus grand contributeur des pays en développement)

---

[20] Décision concernant le budget de l'Autorité pour l'exercice 2009-2010, Document ISBA/14/A/8, en date du 6 juin 2008.

Principaux contributeurs en 2012 (plafond : 22% ; plancher : 0,01%)[21]

ÉTATS	QUOTE-PART	MONTANTS
Japon	16,539%	1.167.081 $EU
Allemagne	10,583%	746.820 $EU
Royaume-Uni	8,717%	615.116 $EU
France	8,082%	570.314 $EU
Italie	6,598%	465.621 $EU
Canada	4,233%	298.709 $EU
Chine	4,209%	297.033 $EU
Espagne	4,194%	295.915 $EU
Mexique	3,110%	219.445 $EU
République de Corée	2,983%	210.503 $EU

6. L'établissement de deux fonds

Fonds d'affectation spécial volontaire

Lors de la huitième session de l'Autorité en 2002, il fut décidé de créer un « Fonds d'affectation spécial volontaire » aux fins de couvrir les frais de participation des membres de la Commission juridique et technique et de la Commission des finances originaires de pays en développement aux réunions des deux Commissions. Les modalités de fonctionnement de ce fonds furent précisées lors de la neuvième session. En particulier, il fut décidé de permettre au Secrétaire général de prélever une certaine somme sur les ressources extra budgétaires dont il avait la garde pour l'Autorité[22].

Les sommes versées à ce fonds n'ont jamais été suffisantes pour couvrir la participation de tous les experts de pays en voie de développement qui en faisaient la

---

[21] La liste complète a été publiée en annexe du rapport de la Commission des finances sous la cote ISBA/18/A/4 et ISBA/18/C/12, en date du 20 juillet 2012.

[22] Rapport de la Commission des finances ISBA/9/A/5, en date du 4 août 2003.

demande. Dans ces conditions, il fut décidé d'autoriser le transfert d'une fraction des intérêts du fonds constitué par les paiements effectués par les investisseurs pionniers, sous réserve de l'approbation de la Commission des finances suivie de celle du Conseil et de l'Assemblée. Cette pratique, de nature très provisoire au cours des premières années, s'est perpétuée pendant de nombreuses années après la création du Fonds de dotation spécial en 2006. Les contributions volontaires n'ont jamais été à la hauteur des espérances et au 3 juillet 2013 le solde du compte s'élevait à 144.452 $US.

Fonds de dotation spécial

Lors de la onzième session en 2005, après trois années de crise latente, une solution fut finalement dégagée sur le traitement à donner au fonds constitué par les versements des investisseurs pionniers et les intérêts y afférant.

Sur la base d'une recommandation de la Commission des finances, le Conseil, puis l'Assemblée, décidèrent de demander au Secrétaire général de soumettre l'année suivante (2006) une proposition détaillée visant au transfert des montants accumulés sur le compte des investisseurs pionniers sur un « fonds de dotation spécial » dont les revenus seraient utilisés à des fins appropriées après décision de l'Assemblée prise sur recommandations du Conseil et de la Commission des finances.

Au cours de cette douzième session (2006), l'Autorité créa un Fonds de dotation destiné à permettre à des scientifiques de pays en voie de développement de participer à des programmes de recherche scientifique marine et des activités de coopération dans la Zone.

De façon générale, l'énoncé du mandat du Fonds de dotation ainsi que ses règles de fonctionnement[23] correspondent aux critères formulés par la plupart des délégations, notamment :

- seuls les intérêts du fonds peuvent être utilisés ;
- l'objectif poursuivi est limité au financement de la participation de scientifiques de pays en voie de développement (PVD) à des programmes scientifiques ou à des programmes de formation et au financement de consultants dans le cadre d'une assistance technique devant bénéficier aux PVD ;
- la publication de rapports de stage et d'autres résultats liés aux programmes de formation est soumise à l'obligation de respecter la confidentialité que peut exiger l'institution ou l'entité concernée ;
- le fonds est géré par le Secrétaire général assisté d'un comité consultatif de 6 à 9 membres, de façon à éviter tous frais de gestion inutiles.

---

[23] Projet de proposition en vue de la création d'un fonds de dotation de l'Autorité international des fonds marins : ISBA/12/FC/L.1, en date du 3 juillet 2006 ; résolution portant création d'un Fonds de dotation pour la recherche scientifique marine dans la Zone : ISBA/12/A/11, en date du 16 août 2006 ; et projet de décision de l'Assemblée de l'Autorité internationale des fonds marins relatif au mandat, principes directeurs et procédures du Fonds de dotation de l'Autorité : ISBA/13/A/L.2, Annexe, en date du 17 juillet 2007.

Au 30 juin 2007, le montant du fonds s'élevait à environ 3 millions $EU ce qui correspondait à une possibilité de déboursement annuel d'environ 150.000 $EU. Au 30 juin 2011, le solde du fonds s'élevait à 3.355.015 $EU dont 90.477 $EU d'intérêts pouvant servir à financer des chercheurs de pays en voie de développement.

Cependant à partir de 2008 les taux d'intérêt bancaire ont commencé à baisser et lors de l'examen du budget 2013/2014 force a été de constater que les intérêts touchés ne s'élevaient qu'à 2.357 $EU, montant insuffisant pour financer la participation de scientifiques à des travaux de recherches. Cet état de choses poussa la Commission des finances à recommander d'investir différemment le capital du Fonds afin de toucher des intérêts supérieurs. Au 30 juin 2013, le solde du compte s'élevait à 3.428.932 $EU et en dépit du versement de certaines contributions le montant des intérêts pouvant être distribués ne s'élevait qu'à 36.984 $EU.

III. *La promotion des connaissances scientifiques des fonds marins*

Le programme de travail de l'Autorité découle directement de la Convention et de l'Accord de 1994. C'est ainsi qu'après ses travaux d'organisation, l'Autorité a adopté un code d'exploration pour les nodules polymétalliques et octroyé des contrats aux investisseurs pionniers précédemment enregistrés auprès de la Commission préparatoire. Elle a également poursuivi le développement des connaissances scientifiques des fonds marins par la tenue de groupes d'experts ou d'ateliers scientifiques. Elle s'est ensuite penchée sur la rédaction de codes d'exploration pour les sulfures et les encroûtements cobaltifères. Enfin, en 2013, elle a entamé la préparation de codes d'exploitation. En attendant le début de cette phase, l'Autorité continue à développer son activité dans les domaines de la protection de l'environnement et de la recherche scientifique des fonds marins.

1. La convocation d'ateliers, de séminaires et de réunions

Les réunions de spécialistes sur des sujets faisant partie du mandat de l'Autorité ont représenté l'aspect le plus concret de son activité au cours de ses premières années d'existence. Ces réunions devaient avant tout permettre au Secrétariat d'obtenir les éléments nécessaires à la rédaction de projets de règles devant être élaborés par la Commission juridique et technique. Elles devaient aussi permettre à l'Autorité de développer ses relations et de s'affirmer comme centre de référence et éventuellement de coordination de projets scientifiques relatifs aux fonds marins.

Ces ateliers ont été consacrés aux aspects scientifiques et techniques de l'exploration et de l'exploitation des minéraux des grands fonds marins, aux incidences environnementales de telles activités ainsi qu'aux moyens d'harmoniser et de diffuser parmi les États membres les données et renseignements recueillis par divers établissements scientifiques. Grâce à ces ateliers techniques, l'Autorité recueille les vues d'éminents spécialistes sur tous les sujets qui font partie de son mandat et prend connaissance des derniers résultats des recherches scientifiques marines sur ces questions.

Liste des principaux ateliers, séminaires et réunions

À partir de 1998, l'Autorité a réuni annuellement au moins un ou deux ateliers ou groupes d'experts.

1998 : le premier atelier s'est tenu du 1er au 5 juin à Sanya dans l'île de Hainan (Chine), et a été consacré à l'établissement de directives visant l'évaluation de l'impact écologique potentiel de l'exploration des nodules polymétalliques. L'objectif était entre autres d'élaborer un programme de surveillance écologique spécifiant des paramètres précis, la fréquence des mesures à effectuer, et les méthodes à employer afin de permettre à l'Autorité d'élaborer des directives à suivre par les contractants lors de leurs activités d'exploration.

1999 : l'année suivante, un groupe d'experts réuni à Kingston du 24 au 26 mars a tenté de formuler un schéma type de recherches portant sur l'impact sur l'environnement des exploitations minières dans les fonds marins.

Un autre atelier fut convoqué au siège de l'Autorité du 2 au 6 août au cours duquel les experts invités ont fait le point sur l'état des connaissances concernant les techniques d'exploitation minière des fonds marins et sur les tendances futures de développement de ces techniques.

2000 : le troisième atelier qui s'est tenu du 26 au 30 juin a été consacré aux ressources des fonds marins autres que les nodules polymétalliques, en particulier les sulfures polymétalliques, les encroûtements cobaltifères et les hydrates de gaz.

2001 : puis s'est tenu à Kingston du 25 au 29 juin, un atelier sur la normalisation des données et informations environnementales. Cet atelier devait permettre l'élaboration de directives environnementales qui allaient ultérieurement être émises par la Commission juridique et technique.

2002 : l'année suivante, du 29 juillet au 2 août, l'Autorité poursuivit son travail dans le domaine de la protection de l'environnement en convoquant un atelier consacré aux perspectives de collaboration dans le domaine de la recherche environnementale marine visant à approfondir la compréhension de l'environnement des grands fonds marins. Cet atelier a conduit à l'élaboration du projet Kaplan[24] ainsi qu'à des efforts visant à établir d'autres filières de coopération internationale.

2003 : après la conclusion du projet de lignes directrices de la Commission juridique et technique concernant la protection de l'environnement, et suivant sa soumission au Conseil de l'Autorité qui devait l'approuver, l'Autorité se lança dans la préparation d'un « modèle géologique » devant s'appliquer à la Zone de Clarion-Clipperton (« la ZCC »). C'est ainsi que du 13 au 17 janvier, un groupe de travail se réunit à Kingston pour adopter les grandes lignes de la réalisation d'un modèle géologique et organiser le programme d'un séminaire sur le même sujet qui eut lieu à Suva (Fidji) du 13 au 20 mai 2003.

Le projet recommandé par les experts au cours de la réunion de Fidji allait s'étaler sur une période de trois à quatre ans comprenant trois phases : l'acquisition des données, leur analyse et finalement leur intégration dans un modèle géologique s'appliquant aux

---

[24] Le projet Kaplan est un bon exemple d'un projet de collaboration entre un groupe de scientifiques et d'institutions de plusieurs pays et l'Autorité. Ce projet, qui a été financé principalement par le Fonds J. M. Kaplan, avec des contributions supplémentaires de l'Autorité, a été lancé en 2002 et s'est achevé en 2007. Il avait pour but d'évaluer la biodiversité, l'aire de répartition des espèces et les flux de gènes des espèces des fonds abyssaux nodulaires du Pacifique.

ressources de toute la Zone et couvrant tous les paramètres ressortissants à l'abondance et au contenu en métal des nodules polymétalliques.

2004 : au cours de la semaine du 6 au 10 septembre, un groupe d'experts s'est réuni à Kingston pour considérer les données et informations requises afin d'établir des lignes de bases environnementales pour les sulfures polymétalliques et les encroûtements cobaltifères.

Un groupe d'experts fut également convoqué du 6 au 10 décembre 2004 pour étudier plus à fond les paramètres nécessaires à l'élaboration du modèle géologique des gisements de nodules polymétalliques dans la ZCC dont le projet initial avait été lancé l'année précédente.

2005 : en mai eut lieu une rencontre avec les détenteurs de contrats d'exploration – les contractants – afin d'établir une collaboration étroite avec eux et s'assurer de leur contribution au projet. En effet, compte tenu des nombreuses campagnes poursuivies par les contractants dans la ZCC, il était essentiel de pouvoir compter sur eux afin d'obtenir le maximum des données qu'ils avaient recueillies.

2006 : du 27 au 31 mars 2006 s'est tenu un atelier consacré aux encroûtements riches en cobalt et à la diversité et à la distribution de la faune des monts sous-marins. Un peu plus tard, du 31 juillet au 4 août, s'est également tenu un atelier sur les aspects économiques et techniques de l'exploitation des sulfures polymétalliques et des encroûtements cobaltifères.

2007 : dans le droit fil du projet Kaplan, un groupe de scientifiques, comprenant quelques-uns des principaux chercheurs ayant participé au projet, s'est réuni en octobre pour élaborer un ensemble préliminaire de recommandations afin de déterminer l'étendue et l'emplacement d'un réseau de zones de préservation représentatives dans la ZCC.

2008 : un autre atelier a eu lieu en février à Chennai, en Inde, au *National Institute for Ocean Technology*. L'objectif de l'atelier, qui était organisé avec le concours du *Ministry of Earth Sciences* de l'Inde, était de construire un modèle de coûts préliminaires pour une entreprise d'extraction et de traitement des nodules polymétalliques des grands fonds marins.

2009 : en février, l'Autorité a collaboré avec le *Royal Institute of International Affairs* (Chatham House) du Royaume-Uni, un institut de recherche indépendant sur les politiques, à l'organisation d'un séminaire consacré à l'examen des questions liées à l'application de l'article 82[25].

---

[25] Dans le cadre de ces travaux, l'Autorité a fait réaliser deux études – la première sur les questions liées à l'application de l'article 82 d'un point de vue juridique et politique, et la seconde sur les questions techniques liées aux ressources associées à la zone externe du plateau continental. Ces deux études ont été révisées à la lumière des vues exprimées par les experts qui participaient au séminaire et ont depuis lors été publiées en tant qu'Étude technique n° 4 (décembre 2009) et Étude technique n° 5 (mai 2010) de l'Autorité.

Quant au projet qui avait été lancé à Fidji en 2003, il a été achevé en décembre 2009, avec la tenue à Kingston d'un dernier atelier visant à présenter les résultats du modèle géologique concernant la ZCC[26].

2010 : l'Autorité a organisé en novembre un atelier international afin d'établir un plan régional de gestion environnementale de la ZCC, donnant ainsi suite à la demande formulée par la Commission juridique et technique à la quinzième session de l'Autorité.

2011 : un autre atelier international s'est tenu en novembre à Fidji. Organisé en collaboration avec le Gouvernement fidjien et la Division géosciences et technologies appliquées du Secrétariat général de la Communauté du Pacifique, il a principalement porté sur les besoins en matière de gestion de l'environnement créés par l'exploration et l'exploitation des ressources.

2012 : au mois de juillet, s'est tenue à Kingston une réunion de l'Autorité et des contractants, consacrée au plan de gestion environnementale de la ZCC.

En novembre, en collaboration avec *The China Institute for Marine Affairs (CIMA)* relevant de la *China State Oceanic Administration*, s'est tenu un atelier consacré à la mise en œuvre de l'article 82 de la Convention s'appliquant au partage des bénéfices tirés de l'exploitation des ressources minérales du plateau continental au-delà des 200 milles.

2013 : c'est du 10 au 15 juin que s'est tenu à Wilhelmshaven en Allemagne au Centre de recherche marine de *Senckenberg am Meer* le premier de trois ateliers consacré à l'uniformisation taxonomique. Il s'est penché sur la mégafaune tandis que les deux ateliers suivants étudieront la macrofaune et la méiofaune dans les sites faisant l'objet de contrats.

RÉCAPITULATIF DES PRINCIPAUX ATELIERS, SÉMINAIRES ET RÉUNIONS (1998–2013)[27]

(Extrait du site de l'Autorité : www.isa.org.jm)

1998	Élaboration de directives visant à évaluer les répercussions écologiques de l'exploration des nodules polymétalliques, Sanya, Chine
1999	Technologies proposées pour l'exploitation minière des nodules polymétalliques dans les grands fonds marins, Kingston
2000	Ressources minérales de la Zone autres que les nodules polymétalliques, Kingston

---

[26] Les résultats du projet – le modèle géologique lui-même et un guide du prospecteur – ont ensuite été publiés en tant qu'Étude technique n° 6 de l'Autorité. Le modèle consiste en une série de cartes et de tableaux, en versions numérique et imprimée, décrivant la teneur prévue en métaux et l'abondance des gisements dans la ZCC.

[27] On trouvera en Annexe II la liste des publications techniques parues à ce jour.

2001	Normalisation des données et de l'information relatives à l'environnement, Kingston
2002	Perspectives de collaboration internationale dans le domaine de la recherche scientifique marine en vue de mieux connaître le milieu des grands fonds marins, Kingston
2003	Élaboration d'un modèle géologique pour la ZCC, Nadi, Fidji
2004	Les sulfures polymétalliques et les encroûtements cobaltifères, leur milieu et les principes de l'élaboration de profils écologiques témoins et d'un programme de surveillance de l'exploration et de l'extraction minière, Kingston
2005	Réunion du Secrétariat de l'Autorité avec les contractants afin d'assurer leur coopération dans le domaine du développement d'un modèle géologique pour la ZCC, Kingston
2006	Encroûtements cobaltifères, diversité et modèles de répartition de la faune des monts sous-marins, Kingston
2006	Aspects techniques et économiques de l'exploitation des sulfures polymétalliques et des encroûtements cobaltifères, Kingston
2007	Détermination de l'étendue et de l'emplacement d'un réseau de zones de préservation représentatives dans la ZCC, Hawaii
2008	Construction d'un modèle de coûts préliminaires pour une entreprise d'extraction et de traitement des nodules polymétalliques des grands fonds marins, Chennai, Inde
2009	Examen des questions liées à l'application de l'article 82 de la Convention des Nations Unies sur le droit de la mer, Chatham House, Royaume-Uni
2009	Présentation des résultats du modèle géologique des dépôts de nodules polymétalliques dans la ZCC, Kingston
2010	Élaboration d'un plan régional de gestion environnementale de la ZCC, Kingston
2011	Besoins en matière de gestion de l'environnement créés par l'exploration et l'exploitation des ressources des fonds marins, Fidji

2012	Réunion de l'Autorité et des contractants sur le plan de gestion environnementale de la ZCC, Kingston
2012	Élaboration de recommandations concernant la mise en œuvre de l'article 82 de la Convention des Nations Unies sur le droit de la mer, Beijing, Chine
2013	Premier atelier sur l'uniformisation taxonomique sur la mégafaune dans les sites d'exploration, Wilhelmshaven, Allemagne

2. Plan de gestion de l'environnement de la Zone de Clarion-Clipperton

C'est dans le cadre de la tenue régulière de groupes d'experts et d'ateliers techniques que s'est développé un plan de gestion de l'environnement de la ZCC.

A la suite d'un certain nombre de réunions techniques, le projet détaillé du plan fut soumis au Conseil lors de la dix-septième session de l'Autorité en 2011[28].

Cependant, compte tenu de la nécessité de poursuivre des échanges de vues prolongés entre les experts et les membres du Conseil, il ne put être adopté qu'au cours de la dix-huitième session de l'Autorité en 2012 sur la base du document initial qui avait été présenté.

Ce plan prévoit la désignation de neuf zones témoins de préservation du milieu marin situées tout au long de la ZCC, en dehors des sites attribués aux contractants ou réservés à l'Autorité. Le plan initialement mis en œuvre pour une durée de trois ans sera appliqué de manière souple. Le plan va être appliqué de manière à pouvoir être amélioré dès que davantage de données environnementales, techniques et scientifiques, et relatives à l'évaluation des ressources, seront fournies par les contractants et autres entités.

Pour l'ensemble de la Zone il devra permettre entre autres d'établir des données de référence, d'entreprendre des évaluations d'impacts écologiques et d'examiner les risques éventuels pour l'environnement que présentent les nouvelles technologies d'extraction minière.

3. Séminaires

Afin de promouvoir les activités de l'Autorité, il a été décidé à partir de 2007 d'organiser des séminaires de sensibilisation dans différentes régions du monde.

Selon un rapport du Secrétaire général, « le programme de séminaires mené par l'Autorité depuis 2007 vise à informer les représentants des gouvernements, les responsables de l'élaboration des politiques concernant les ressources de la mer et les

---

[28] Plan de gestion de l'environnement de la Zone de Clarion-Clipperton : Document ISBA/17/LTC/7, en date du 13 juillet 2011.

scientifiques travaillant dans les institutions nationales et régionales, et d'encourager les scientifiques des institutions de pays en développement à participer aux travaux de recherche scientifique marine que des organismes de recherche internationaux entreprennent dans la Zone. »[29]

C'est sur la base d'une invitation des pays intéressés et en étroite coopération avec ces derniers que de tels séminaires ont été organisés en Indonésie en 2007, au Brésil en 2008, au Nigéria en 2009, en Espagne en 2010, à la Jamaïque en 2011, à Mexico en 2013. Il y eut également deux séminaires au siège de l'ONU à New York en 2012 et en 2014.

---

[29] Rapport du Secrétaire général à la dix-huitième session de l'Autorité : Document ISBA/18/A/2, §57, en date du 8 juin 2012.

IV. *La gestion des ressources du patrimoine commun de l'humanité*

Le régime intérimaire de protection des investisseurs pionniers préalablement à l'entrée en vigueur de la Convention avait, dans une grande mesure, préfiguré le régime d'exploration des ressources des fonds marins. Contrairement à ce que les rédacteurs de la Convention avaient prévu, le système établi par la résolution II de la Conférence s'est appliqué pendant une durée bien plus longue que celle qui avait été envisagée. Entre 1982, date de l'adoption de la Convention, et 1994, date de son entrée en vigueur, sept investisseurs pionniers ont été enregistrés par la Commission préparatoire, le dernier étant la République de Corée, enregistrée en 1994.

En vertu de l'Accord de 1994, tout État, en son nom propre ou au nom d'une entreprise d'État ou personne physique ou morale, peut soumettre un plan de travail qui doit être accompagné d'une évaluation de l'impact potentiel sur l'environnement des activités proposées. Ce plan de travail relatif à l'exploration est soumis à la Commission juridique et technique qui fait rapport au Conseil. Il est prévu que les plans de travail relatifs à l'exploration sont approuvés pour quinze ans. A l'expiration d'un tel délai, le contractant doit présenter en principe une demande d'approbation d'un plan de travail relatif cette fois à l'exploitation. Si pour des raisons indépendantes de sa volonté, il ne peut passer de la phase d'exploration à celle d'exploitation, le contractant peut demander la prorogation de son plan de travail pour des périodes ne dépassant pas cinq ans chacune.

Les investisseurs pionniers enregistrés qui avaient déjà versé 250.000 $EU lors de leur enregistrement allaient obtenir leurs titres gratuitement, tandis que les autres investisseurs allaient devoir payer ce montant à l'Autorité. A propos de ces fonds, selon la Convention le paiement devait couvrir les frais d'enregistrement tandis que le surplus éventuellement dégagé à cette occasion pourrait être remboursé aux investisseurs. Aucune décision n'a été prise en son temps par la Commission préparatoire et l'Autorité ignora tout simplement cette clause de remboursement du surplus. Les montants versés s'accumulèrent dans un compte spécial hors budget.

En fait lors de sa création, l'Autorité disposait ainsi d'un capital officieux de l'ordre de 3 millions $EU qui théoriquement aurait dû faire l'objet d'une décision d'affectation ou de remboursement. Ainsi qu'il a été mentionné précédemment (II), ce montant fut alloué à un Fonds d'affection spécial, les sept investisseurs pionniers, devenus entre-temps contractants, ayant accepté un tel transfert.

Lors de l'attribution d'un contrat d'exploration au huitième contractant (Allemagne), ce dernier à l'instar de ses prédécesseurs accepta que son versement soit également porté au crédit de ce fonds.

Cependant lors de l'examen du budget 2013/2014 au cours de la dix-huitième session en 2012, face à l'accroissement soudain et rapide du nombre de demandes de permis d'exploration, il fut décidé de comptabiliser avec précision les débours occasionnés par le traitement des demandes afin de les imputer sur les sommes versées par les demandeurs. A cette fin une décision fut prise, demandant à la Commission des finances de faire une proposition concrète lors de la session suivante sur la base d'une étude du Secrétaire général.

Il fut également décidé lors de cette dix-huitième session de porter de 250.000 à 500.000 $EU, le montant à acquitter pour l'étude d'une demande d'approbation d'un plan de travail relatif à l'exploration des nodules polymétalliques afin de couvrir les coûts réels engagés.

Lors de la dix-neuvième session en 2013, la Commission des finances étudia les modalités possibles de remboursement des frais d'administration et de supervision des contrats conclus entre l'Autorité et les contractants. Elle fut à même de soumettre une recommandation qui fit l'objet d'âpres discussions au sein du Conseil.

Finalement un accord put être trouvé en vertu duquel chaque contractant devra verser annuellement une somme de 47.000 $EU pour couvrir les frais d'administration et de supervision de son contrat. Cette décision devait s'appliquer à tous les nouveaux contractants et prévoyait que pour les contrats déjà conclus ou sur le point d'être conclu, suite à l'approbation des demandes de plan de travail, le Secrétaire général devrait consulter les intéressés afin d'introduire dans leur contrat les clauses prévoyant ce paiement. En outre il était prévu que ces paiements seraient considérés comme « des dépenses effectives et directes d'exploration »[30].

Ce montant de 47.000 $EU pourra faire l'objet d'un réexamen tous les deux ans afin d'être éventuellement modifié. En outre le Conseil pourra « étudier, au moment voulu, l'opportunité de substituer à ce montant une somme qui varierait avec chaque contrat en fonction du montant des dépenses d'administration effectivement et raisonnablement engagées par l'Autorité en rapport avec le contrat concerné »[31].

Cette décision revêt une grande importance tant d'un point de vue économique que politique. Elle revient à faire supporter aux contractants des frais supplémentaires relatifs à leurs contrats qui n'existaient pas lors de l'approbation de leur plan de travail[32].

Cependant pour la grande majorité des États membres de l'Autorité cette décision était favorable. En effet elle allait permettre une réduction de leur contribution au budget général car celui-ci n'aurait pas à être utilisé pour couvrir des frais occasionnés par le suivi de contrats passés par une minorité d'États ou d'entreprises.

---

[30] Document ISBA/19/A/12, en date du 25 juillet 2013.

[31] Idem.

[32] Certaines délégations ont fait valoir qu'après avoir payé 500.000 $EU lors de leur demande d'approbation d'un plan de travail, cette nouvelle charge allait en fait doubler ce paiement sur une période de 10 ans.

1. L'adoption d'un code d'exploration pour les nodules polymétalliques et la passation des contrats

Les sept premiers contractants

Dès sa constitution, la Commission juridique et technique fut saisie d'un projet de code d'exploration s'appliquant aux nodules polymétalliques. La préparation d'un tel code dans l'enceinte de la Commission préparatoire, qui avait siégé de 1983 à 1994, avait provoqué de funestes affrontements entre pays industrialisés et pays en voie de développement. Aucun accord n'avait pu être trouvé. L'absence de toute possibilité d'accord sur le code minier qui en fait devait réglementer l'activité des contractants désireux d'explorer et d'exploiter les ressources des fonds marins sonnait le glas de la Commission préparatoire. Cet échec contribua dans une grande mesure à l'acceptation par la communauté internationale de la procédure hétérodoxe qui devait conduire à l'adoption de l'Accord de 1994[33].

Le Code d'exploration était indispensable à la rédaction des contrats que les sept investisseurs pionniers enregistrés auprès de la Commission préparatoire étaient en droit d'attendre[34].

En vertu de l'Accord de 1994 (Annexe, section 1 § 6 (a)(ii), les investisseurs pionniers enregistrés pouvaient demander l'approbation d'un plan de travail dans les 36 mois suivant l'entrée en vigueur de la Convention, c'est à dire au plus tard le 16 novembre 1997.

Les contrats faisant suite à l'approbation des plans de travail ne pourraient être rédigés sans l'adoption d'un règlement concernant l'exploration des nodules polymétalliques. Il s'agissait donc d'une tâche prioritaire.

Ces contrats ne pouvaient porter que sur la phase d'exploration, l'exploitation étant du domaine d'un avenir plus lointain. La Commission juridique et technique consacra toutes ses réunions au cours des premières années de ses travaux à la préparation d'un tel texte. Ce n'est qu'au cours des ultimes séances de la sixième session en juillet 2000, après avoir fait l'objet de très difficiles négociations, que le projet de code d'exploration, intitulé « Règlement relatif à la prospection et à l'exploration des nodules polymétalliques dans la Zone » (« Règlement des nodules polymétalliques »), put finalement être adopté par le Conseil[35].

L'Autorité avait ainsi franchi une étape importante qui était essentielle à sa crédibilité. L'adoption de ce texte permit finalement la rédaction des contrats d'exploration correspondant aux plans de travail des sept investisseurs pionniers. Ainsi près de quatre années s'étaient écoulées entre l'approbation des plans de travail (1997) et la rédaction des contrats (2001).

---

[33] Voir note 3.

[34] Voir J.-P. Lévy, *Le destin de l'Autorité internationale des fonds marins*, Paris, Pedone, p. 59 et suivantes.

[35] Document : ISBA/6/A/18, en date du 4 octobre 2000.

Le Secrétaire général négocia en effet au cours du printemps 2001 les termes de six contrats d'exploration sur sept, et les signa au nom de l'Autorité durant l'intersession.

Le 29 mars 2001, la Fédération de Russie (*Yuzhmorgeologiya*)[36] et *Interoceanmetal Joint Organization* (Bulgarie, Cuba, République Tchèque, Pologne, Fédération de Russie et Slovaquie)[37] signèrent leurs contrats, bientôt suivis en cela par la République de Corée (le 27 avril) et la Chine (the *China Ocean Mineral Resources Research and Development Association* – COMRA, le 22 mai 2001).

Et finalement quelques jours avant le début de la septième session, le Japon (*Deep Ocean Resources Development* – DORD) et la France (*Institut français de recherche pour l'exploitation de la mer* – IFREMER/AFERNOD)[38] signèrent à leur tour leurs contrats le 20 juin 2001. L'Inde ne signa son contrat que le 25 mars 2002.

Les termes des contrats étaient similaires, bien que de très grandes différences de substance existassent dans les plans de travail des contractants ainsi que dans leurs prévisions de dépenses respectives. Les contractants étaient tenus d'inclure dans leur demande un plan d'urgence en cas de dommage à l'environnement et de soumettre annuellement un rapport d'activités à l'Autorité.

Le huitième contractant

Il fallut attendre la onzième session de l'Autorité en juillet 2005 pour qu'un huitième investisseur présente une demande d'approbation d'un plan de travail pour l'exploration de nodules polymétalliques dans la ZCC.

Le 21 juillet 2005, le Secrétaire général recevait une telle demande du *Bundesanstalt für Geowissenschaften und Rohstoffe* (BGR – Institut fédéral des géosciences et des ressources naturelles) au nom de l'Allemagne. Cette demande visait deux régions du Pacifique représentant une superficie totale de 149.976 kilomètres carrés. Elle se fondait sur les données de prospection recueillies entre 1976 et 1978 par le consortium allemand *Arbeitsgemeinschaft meerestechnisch gewinnbarer Rohstoffe* (AMR) qui participait aux travaux menés par le consortium *Ocean Management Inc.* (OMI), l'un des consortia américains actifs durant la troisième Conférence.

Après examen de cette demande par la Commission juridique et technique, elle fut approuvée par le Conseil de l'Autorité lors de la douzième session en 2006.

---

[36] Les linguistes ainsi que les traducteurs des Nations Unies ne sont jamais parvenus au cours des ans à s'accorder sur l'orthographe exacte de la transposition française du terme russe. On trouve ainsi différentes versions du mot transposé en alphabet latin dans les documents officiels dont entre autres « youjmorgueologuiya » ou « yuzhmorgeologia » …

[37] Notons ici que Interoceanmetal qui à présent comprend trois pays membres de l'Union Européenne, était initialement un consortium composé exclusivement de pays socialistes qui avaient obtenu, dans le cadre d'un accord spécifique, un site minier au nom du « groupe des pays socialistes ».

[38] AFERNOD a été créé en 1974 en tant que consortium regroupant divers acteurs publics et privés français intéressés par les ressources minérales dont le CNEXO devenu IFREMER en 1984. L'IFREMER a assuré la représentation juridique d'AFERNOD, en particulier internationale. L'association a été dissoute en 2004 faute d'activités des autres membres, seul l'IFREMER poursuivant le rôle de contractant auprès de l'Autorité.

Cette approbation du plan de travail concernait la première demande présentée depuis l'entrée en vigueur de la Convention en 1994 et de ce fait fut considérée comme une étape importante. Elle fut interprétée comme une marque de confiance dont commençait à bénéficier l'Autorité dans sa fonction d'administration des ressources de la Zone.

Les neuvième et dixième contractants

Lors de la quatorzième session de l'Autorité en 2008, deux demandes de plan de travail furent déposées par les compagnies *Nauru Ocean Resources Inc.* (NORI) et *Tonga Offshore Mining Limited* (TOML). Ces deux compagnies étaient initialement toutes deux des filiales de la compagnie *Nautilus Minerals Inc.* qui avait des activités dans la zone économique exclusive (ZEE) de la Papouasie-Nouvelle-Guinée[39]. L'une, NORI, a reçu le patronage de la République de Nauru et l'autre, TOML, celui du Royaume de Tonga. Les deux demandes qui sont pratiquement identiques visent des secteurs réservés par l'Autorité aux pays en voie de développement.

Au cours de la quinzième session, la Commission juridique et technique a été informée qu'au vu de la conjoncture économique prévalente, les auteurs des demandes souhaitaient que l'examen de celles-ci soit reporté.

A l'initiative de Nauru il fut décidé de demander un avis consultatif à la Chambre pour le règlement des différends relatifs aux fonds marins du Tribunal international du droit de la mer (TIDM). En effet lors de la présentation de sa demande Nauru expliquait qu'à l'instar de beaucoup d'autres pays en développement, Nauru « ne possède pas encore les moyens techniques et financiers nécessaires pour mener des opérations d'extraction minière sur le fond des océans dans les eaux internationales. Pour participer effectivement aux activités dans la Zone, ces États doivent faire appel à des entités du secteur privé (de la même manière que certains pays en développement ont besoin d'investissements étrangers directs). Non seulement ils n'ont pas les moyens financiers d'exécuter un projet d'extraction minière sous-marine dans les eaux internationales, mais certains n'ont pas non plus les moyens de s'exposer aux risques juridiques que peut comporter un tel projet. N'ignorant pas cela, lorsqu'elle a initialement patronné la société Nauru Ocean Resources Inc., Nauru est parti de l'hypothèse qu'il pourrait effectivement atténuer (avec un degré de certitude élevé) les obligations financières ou coûts pouvant découler de son patronage. Ceci était important car ces obligations ou coûts pourraient dans certaines circonstances dépasser de beaucoup les capacités financières de Nauru (comme celles de nombreux autres pays en développement)...

Nauru considère donc qu'il est crucial de disposer d'indications sur l'interprétation des dispositions de la partie XI relatives à la responsabilité, afin que les États en développement puissent déterminer s'ils sont en mesure de réduire effectivement les risques encourus et décider en connaissance de cause de participer ou non aux activités dans la Zone »[40].

---

[39] Entre 2008, date de la première demande, et 2011, date de son approbation, la structure du capital de NORI a été modifiée et *Nautilus Minerals, Inc.* n'y figure plus.

[40] Proposition tendant à demander un avis consultatif à la Chambre pour le règlement des différends relatifs aux fonds marins en ce qui concerne la responsabilité et les obligations de l'État qui patronne une entité; Document ISBA/16/C/6, en date du 3 mai 2010.

Nauru souhaitait donc obtenir ces indications du TIDM, par le biais d'un avis consultatif adressé par l'Assemblée ou le Conseil de l'Autorité à la Chambre pour le règlement des différends relatifs aux fonds marins, aux termes de l'article 191 de la Convention.

La demande d'un avis consultatif au TIDM était une première et à ce titre allait susciter des débats nourris, liés à l'interprétation de la Convention (Art. 191) et de l'Accord de 1994 (Annexe section 1) ayant trait à la responsabilité de l'État qui patronne une demande, ainsi qu'aux compétences respectives du Tribunal ou des différends organes de l'Autorité en matière d'expertise juridique et d'interprétation des textes en vigueur. À cela s'ajoutaient la complexité du problème posé, la réticence de certaines délégations à l'égard de ce Tribunal, et leur préférence pour un traitement par la Commission juridique et technique[41].

Toutefois, la demande était présentée par un pays en développement avec l'appui des petits États insulaires du Pacifique, et un rejet n'aurait pas manqué d'être interprété comme le refus opposé par les grands États investisseurs à toute possibilité pour les petits pays en développement de participer eux aussi, par le biais du patronage (« sponsoring ») d'intérêts privés, à l'exploration et à l'exploitation des fonds marins.

L'accord s'est donc fait in fine sur le principe d'un telle requête, puis sur le texte de cette dernière, « toiletté » de manière à le rendre plus concis et plus présentable juridiquement mais aussi plus général : il n'y est plus question du cas particulier que représenteraient les États en développement. La Chambre rendit son avis le 1er février 2011[42].

Les deux requérants confirmaient alors leurs demandes de contrat d'exploration qui furent examinées par la Commission juridique et technique et adoptées ensuite par le Conseil lors de la dix-septième session en juillet 2011.

Le onzième contractant et les suivants

Au cours de la dix-huitième session en 2012, puis au début de 2013, des demandes supplémentaires concernant l'exploration des nodules furent soumises.

En effet, le 23 mai 2012 la compagnie *UK Seabed Resources Ltd.* sous le patronage du Royaume-Uni de Grande-Bretagne et d'Irlande du Nord avait déposé une demande pour un contrat d'exploration pour les nodules polymétalliques dans la ZCC.

Le 30 mai 2012 une autre demande pour les nodules polymétalliques dans la ZCC fut soumise par *G-TEC Sea Mineral Resources NV*, une compagnie patronnée par la Belgique.

Et le 30 mai également la société *Marawa Research and Exploration Ltd*, entreprise d'État de la République de Kiribati, soumit une demande pour l'exploration de

---

[41] Pour une analyse détaillée, voir M. Lodge, « Some reflections on the first request to the seabed disputes chamber for an advisory opinion », University of Virginia Seminar on Globalization and the Law of the Sea, 1 to 3 December 2010.

[42] Le dispositif de l'avis consultatif rendu par la Chambre a été largement diffusé et figure en Annexe I. (Compte rendu de presse N° 161 du Tribunal international du droit de la mer en date du 1er février 2011), et document ISBA/17/C/6.

ressources polymétalliques dans la ZCC. Cette demande visait un secteur réservé à l'Autorité et mis à disposition des pays en voie de développement en vertu du « système parallèle ».

Le 8 février 2013, au cours de l'intersession, la compagnie *UK Seabed Resources Ltd.* déposa une deuxième demande pour l'obtention d'un permis d'exploration pour les nodules dans la ZCC.

Le 19 avril 2013, une société patronnée par le gouvernement de Singapour, *Ocean Minerals Singapore Pte. Ltd* soumit une demande d'approbation d'un plan de travail visant des sites réservés provenant de la zone concédée par la société *UK Seabed Resources Ltd.* lors de l'approbation de sa demande en juillet 2012.

Ces deux dernières demandes n'ont pu être examinées lors de la dix-neuvième session en 2013 et vont faire l'objet d'un examen prioritaire lors de la première réunion de la Commission juridique et technique en 2014 en vue de leur adoption lors de la vingtième session de l'Autorité.

On peut noter que certains secteurs de la demande soumise par Singapour sont également compris dans les secteurs visés par la société Nautilus dans le cadre de sa demande d'entreprise conjointe et de mise sur pied de « l'Entreprise », telle qu'énoncée dans le rapport du Directeur général par intérim de l'Entreprise et examinée par le Conseil à sa dix-neuvième session[43].

En effet, en octobre 2012 le Secrétaire général reçut une communication de la part de *Nautilus Minerals Inc.*, une société canadienne, qui demandait la constitution d'une entreprise conjointe avec l'Entreprise afin d'explorer huit des blocs réservés à l'Autorité dans la ZCC.

C'était la première fois qu'au sein de l'Autorité l'on abordait la question de la création de « l'Entreprise ». Saisi de cette demande, le Secrétaire général, agissant avec grande prudence, prépara une note explicative rappelant la problématique de ce sujet[44].

La demande de Nautilus posait de nombreux problèmes, d'autant plus que cette société ne pouvait en aucune manière intervenir directement dans les débats car elle ne disposait pas du statut d'observateur. Au cours des discussions qui s'engagèrent on souligna que Nautilus semblait pêcher par un excès d'ambition en visant huit blocs de secteurs réservés. Donner suite à cette demande aurait réduit les possibilités offertes à d'autres demandeurs. En outre, cette demande ne satisfaisait aucun des critères permettant l'établissement de l'Entreprise.

En effet en vertu de l'Accord de 1994, Annexe, section 2, § 1 « le Secrétariat de l'Autorité s'acquitte des fonctions de l'Entreprise jusqu'à ce que celle-ci puisse fonctionner indépendamment du Secrétariat ». Le Conseil doit examiner la question du fonctionnement indépendant de l'Entreprise uniquement si les opérations conjointes qu'elle a l'intention de mener sont conformes aux principes d'une saine gestion commerciale.

À la lumière des discussions qui eurent lieu on rédigea un projet qui fut adopté par le Conseil. En vertu de ce texte, le Conseil décidait de demander au Secrétaire

---

[43]　Document ISBA/19/C/4, en date du 20 mars 2013.

[44]　Document ISBA/19/C/6, en date du 4 avril 2013.

général, avec l'aide le cas échéant de la Commission juridique et technique et de la Commission des finances, de réaliser une étude sur les questions liées à la mise sur pied de l'Entreprise, particulièrement sur les implications juridiques, techniques et financières pour l'Autorité et les États parties. Cette décision ne devait en aucune façon empêcher l'Autorité de disposer des huit blocs réservés qui avaient été sélectionnés par Nautilus dans sa demande[45].

Le 27 décembre 2013, la Société d'investissement des Iles Cook (CIIC), qui est une entreprise d'État des Iles Cook, présenta une demande d'approbation d'un plan de travail relatif à l'exploration des nodules polymétalliques dans une zone réservée de l'océan Pacifique.

2. L'adoption d'un code d'exploration pour les sulfures polymétalliques et la passation de contrats

En 1998, lors de la reprise de la quatrième session de l'Autorité, la Fédération de Russie demanda que l'on adopte un code d'exploration pour les ressources autres que les nodules de manganèse, c'est-à-dire, essentiellement les sulfures polymétalliques et les encroûtements cobaltifères. Initialement, la demande portait également sur les hydrates de méthane, mais cet aspect fut négligé par la suite[46]. Conformément à l'article 162, §2, o), ii), de la Convention, elle demanda que l'on adopte ces règles dans un délai de trois ans.

Les sulfures polymétalliques sont des sources chaudes fortement concentrées en particules métalliques, provenant essentiellement des fractures sous-marines. Alors que les champs de nodules sont bidimensionnels, les sulfures sont tridimensionnels et se trouvent localisés à des profondeurs moindres. Il semblerait que leur concentration en métaux soit supérieure à celle des nodules. Une première licence d'exploration avait d'ailleurs été octroyée en novembre 1997 à la compagnie Nautilus Minerals pour une zone de 5 000 km² située à l'intérieur de la zone économique exclusive de Papouasie-Nouvelle-Guinée.

En dépit de la demande formelle de la Fédération de Russie, la question de l'élaboration d'un code d'exploration pour les autres minéraux de la Zone n'a été évoquée qu'au cours de la huitième session en 2002. Et ce n'est que lors de la neuvième session, en 2003, c'est-à-dire cinq ans après la demande initiale, que la Commission juridique et technique s'est penchée sérieusement sur la question.

En effet, compte tenu des connaissances limitées concernant ces ressources à cette époque, les travaux débutèrent assez lentement. Après avoir réuni les informations disponibles, le Secrétariat organisa un atelier afin de clarifier les principaux éléments devant figurer dans un projet de code d'exploration pour les sulfures et les encroûtements cobaltifères. La Commission juridique et technique entreprit donc la rédaction d'un

---

[45] Déclaration du Président du Conseil de l'Autorité internationale des fonds marins sur les travaux du Conseil à la dix-neuvième session, ISBA/19/C/18, §16, en date du 24 juillet 2013.

[46] Les hydrates de méthane sont essentiellement composés d'un mélange d'eau et de méthane, et de ce fait représentent une source potentielle d'énergie lorsque l'extraction du méthane s'avère possible.

projet en s'inspirant des règles concernant les nodules de manganèse. Cependant elle dut tenir compte non seulement de la nature différente de ces ressources, mais encore du fait que de nombreuses dispositions concernant les nodules ne pouvaient être directement transposées.

Un premier document fut élaboré, discuté puis révisé au cours des sessions suivantes. Il apparut bientôt qu'il était difficile d'adopter des dispositions similaires pour les sulfures et les encroûtements cobaltifères en ce qui concernait en particulier les superficies allouées pour l'exploration ainsi que l'application du système parallèle tel que prévu par les dispositions conventionnelles.

Compte tenu de la nature différente des ressources visées il fut décidé en 2006 lors de la douzième session de préparer deux projets de code d'exploration différents, l'un pour les sulfures et l'autre pour les encroûtements cobaltifères. Le projet de code d'exploration pour les sulfures polymétalliques fut transmis au Conseil de l'Autorité en 2007. Les discussions se poursuivirent pendant trois sessions et achoppèrent pendant très longtemps sur deux questions précises, l'adoption d'une clause anti-monopole et le traitement de demandes concurrentes. Finalement un accord put être trouvé. Le projet de code pour l'exploration des sulfures fut ainsi adopté le 7 mai 2010 lors de la seizième session : le Règlement relatif à la prospection et à l'exploration des sulfures polymétalliques dans la Zone (Règlement des sulfures)[47]. C'est sur la base de ce code que les entités suivantes présentèrent chacune leur demande d'approbation.

a. Demande d'approbation de la Chine (China Ocean Mineral Resources Research and Development Association-COMRA)

Le code à peine adopté, la Chine (COMRA) présentait le jour même de la clôture de la session une demande de permis d'exploration pour un site dans l'océan Indien (7 mai 2010).

La Chine précisait qu'elle avait choisi de payer un montant de 50.000 $EU et un paiement annuel en conformité avec les dispositions de l'article 21 §1 b du Règlement des sulfures. Cet article prévoit le versement d'une contribution basée sur la superficie de la demande en tenant compte des restitutions.

b. Demande d'approbation de la Fédération de Russie

Quelques mois après, le Ministère des ressources naturelles et de l'environnement de la Fédération de Russie demandait à son tour un permis d'exploration pour un site situé sur la dorsale médio-atlantique (24 décembre 2010).

Contrairement à la Chine, la Fédération de Russie choisit de payer un droit fixe de 500.000 $EU ; elle opta également pour une participation au capital d'une entreprise conjointe conformément à l'article 19 du Règlement des sulfures. Ces deux demandes furent examinées et approuvées par le Conseil lors de la dix-septième session.

---

[47] Voir la décision de l'Assemblée : Document ISBA/16/A/12/Rev.1, en date du 4 mai 2010.

c. Demande d'approbation de la République de Corée

Le 21 mai 2012, la République de Corée soumit à son tour une demande de contrat pour l'exploration de sulfures polymétalliques dans une région de l'océan Indien Central. Cette demande fut examinée et approuvée au cours de la dix-huitième session. La République de Corée choisit de payer un droit fixe de 500.000 \$EU et d'offrir une participation au capital d'une entreprise conjointe conformément à l'article 19 du Règlement des sulfures. Cette demande fut examinée et approuvée au cours de la dix-huitième session en 2012.

d. Demande d'approbation de l'IFREMER

Quelques jours après, le 23 mai 2012, la France parraina IFREMER qui soumit une demande d'approbation d'un plan de travail pour l'exploration de sulfures polymétalliques dans la région de la dorsale médio-atlantique. IFREMER choisit également de payer un droit fixe de 500.000 \$EU et d'offrir une participation au capital d'une entreprise conjointe conformément à l'article 19 du Règlement des sulfures. Cette demande fut examinée et approuvée au cours de la dix-huitième session en 2012.

e. Demande d'approbation de l'Inde

Le 26 mars 2013 le Gouvernement indien soumit sa demande d'approbation d'un plan de travail pour l'exploration de sulfures polymétalliques dans l'océan Indien Central. L'Inde choisit de payer un droit fixe de 500.000 \$EU et d'offrir une participation au capital d'une entreprise conjointe conformément à l'article 19 du Règlement des sulfures.

A l'instar des deux demandes pour les nodules polymétalliques soumises par *UK Seabed Resources Ltd.* du Royaume-Uni et *Ocean Minerals Pte. Ltd.* de Singapour, cette demande pour les sulfures n'a pas non plus été examinée lors de la dix-neuvième session en 2013. Elle doit donc également faire l'objet d'un examen en vue de son adoption lors de la vingtième session en 2014.

f. Demande d'approbation de l'Allemagne

Le 17 décembre 2013, l'Autorité a reçu une demande d'approbation d'un plan de travail relatif à l'exploration des sulfures polymétalliques présenté par l'Institut fédéral des géosciences et des ressources naturelles (BGR), au nom du gouvernement de la République fédérale d'Allemagne. Le site se trouve dans l'océan Indien Central et le demandeur a élu d'offrir une participation dans une co-entreprise avec l'Entreprise.

3. L'adoption d'un code d'exploration pour les encroûtements cobaltifères et la passation de contrats

Les encroûtements cobaltifères qui recouvrent certains fonds marins peuvent atteindre quelques centimètres d'épaisseur. Il s'agit d'encroûtements contenant le même type de minéraux que les nodules mais d'une teneur en cobalt très supérieure. Certains ont été localisés sur le plateau continental et de ce fait leur exploitation pourrait se faire en dehors du contrôle de l'Autorité[48].

Ainsi qu'il a déjà été mentionné, initialement il n'avait été envisagé qu'un seul règlement pour les sulfures et les encroûtements cobaltifères et ce n'est qu'en 2006 que le Conseil décidait de faire établir deux projets de règlement distincts.

Les deux textes sont assez similaires et ne diffèrent principalement que sur la question de la superficie et de la configuration des zones à attribuer aux fins d'exploration compte tenu de la nature différente des ressources en question. Pour le reste, ils demeurent quasi identiques et les dispositions qui ont été successivement modifiées au cours des sessions de l'Autorité en ce qui concerne les sulfures polymétalliques l'ont également été pour les encroûtements cobaltifères.

Les dispositions spécifiques s'appliquant aux encroûtements cobaltifères firent l'objet de discussions prolongées et il fallut attendre le 27 juillet 2012 lors de la dix-huitième session pour voir ce projet adopté : le Règlement relatif à la prospection et à l'exploration des encroûtements cobaltifères de ferromanganèse dans la Zone (Règlement des encroûtements cobaltifères)[49].

Peu de temps après l'adoption de ce code, deux entités parrainées par la Chine et par le Japon soumirent des demandes de permis d'exploration.

En effet, dès le 27 juillet 2012, l'Association chinoise de recherche – développement concernant les ressources minérales des fonds marins (COMRA) présentait une demande pour un permis d'exploration des encroûtements cobaltifères dans la partie occidentale de l'océan Pacifique.

Le 3 août 2012 la société *Japan Oil, Gas and Metals National Corporation* (JOGMEC) parrainée par le Japon déposait à son tour une demande similaire dans l'océan Pacifique occidental.

Les deux demandes proposaient d'offrir une participation au capital d'une entreprise conjointe conformément à l'article 19 du Règlement des encroûtements cobaltifères.

Le 6 février 2013 le Ministère des ressources naturelles et de l'environnement de la Fédération de Russie soumit une demande d'exploration pour les encroûtements cobaltifères dans une région de l'océan Pacifique occidental.

Les demandes pour un permis d'exploration pour les encroûtements cobaltifères présentées par la Chine et le Japon en 2012 et examinées lors de la session de février 2013 par la Commission juridique et technique furent approuvées par le Conseil en juillet lors de la dix-neuvième session.

---

[48] Voir K. Medjad, « Les obstacles à la mise en œuvre de l'exploitation des nodules polymétalliques: la part de l'irrationnel », *Espaces et ressources maritimes*, n° 9, 1995, pp. 45-81.

[49] Voir Document : ISBA/18/A/11, du 22 octobre 2012.

Ce ne fut pas le cas de la demande d'approbation de la Fédération de Russie, qui subit le même sort que les trois autres demandes précitées.

Le 31 décembre 2013, une entreprise d'État brésilienne, la *Companhia de Pesquisa de Recursos Minerais* (CPRM) soumit une demande d'approbation d'un plan de travail pour l'exploration d'encroûtements cobaltifères dans la région du Rio Grande dans l'Atlantique Sud.

Ainsi, outre les quatre demandes qui n'avaient pas été traitées précédemment (Royaume-Uni, Singapour pour les nodules, Inde pour les sulfures et la Fédération de Russie pour les encroûtements cobaltifères), trois nouvelles demandes ont été soumises en 2013 par les Iles Cook pour les nodules, l'Allemagne pour les sulfures et le Brésil pour les encroûtements cobaltifères.

LISTE DES CONTRACTANTS POUR LES NODULES POLYMÉTALLIQUES[50]

NOM DU CONTRACTANT	DATE	LOCALISATION
YUZHMORGEOLOGIYA (Fédération de Russie)	2001	ZCC
INTEROCEANMETAL (Bulgarie, Cuba, Pologne, République tchèque, Fédération de Russie, Slovaquie)	2001	ZCC
Gouvernement de la République de Corée	2001	ZCC
Association chinoise de recherche développement concernant les ressources minérales des fonds marins (COMRA), Chine	2001	ZCC
Deep Ocean Resources Development Company (DORD), Japon	2001	ZCC
Institut français de recherche pour l'exploitation de la mer (IFREMER), France	2001	ZCC
Gouvernement de l'Inde	2002	Océan Indien

---

[50] Les trois listes de contractants proviennent du site de l'Autorité : www.isa.org.jm

Institut fédéral des géosciences et des ressources naturelles de la République fédérale d'Allemagne (BGR)	2006	ZCC
Nauru Ocean Resources, Inc., Nauru	2011	ZCC
Tonga Offshore Mining Limited, Tonga	2012	ZCC
G-TEC Sea Mineral Resources NV, Belgique	2013	ZCC
UK Seabed Resources Ltd., Royaume-Uni de Grande-Bretagne et d'Irlande du Nord	2013	ZCC
Marawa Research and Exploration Ltd., République de Kiribati	2014 ?	ZCC
UK Seabed Resources Ltd., Royaume-Uni de Grande-Bretagne et d'Irlande du Nord	2014 ?	ZCC
Ocean Mineral Singapore Pte. Ltd.	2014 ?	ZCC
Société d'investissement des Iles Cook	2014 ?	ZCC

LISTE DES CONTRACTANTS POUR LES SULFURES POLYMÉTALLIQUES

NOM DU CONTRACTANT	DATE	LOCALISATION
Association chinoise de recherche développement concernant les ressources minérales des fonds marins (COMRA), Chine	2011	Océan Indien
Ministère des ressources naturelles et de l'environnement de la Fédération de Russie	2012	Océan Atlantique

Gouvernement de la République de Corée	2014 ?	Océan Indien
Institut français de recherche pour l'exploitation de la mer, (IFREMER), France	2014 ?	Océan Atlantique central
Gouvernement de l'Inde	2014 ?	Océan Indien
Institut fédéral des géosciences et des ressources naturelles d'Allemagne (BGR)	2014 ?	Océan Indien

LISTE DES CONTRACTANTS POUR LES ENCROÛTEMENTS COBALTIFÈRES

NOM DU CONTRACTANT	DATE	LOCALISATION
Association chinoise de recherche développement concernant les ressources minérales des fonds marins (COMRA), Chine	2014	Océan Pacifique
Japan Oil, Gas and Metals National Corporation (JOGMEG), Japon	2014	Océan Pacifique
Ministère des ressources naturelles et de l'environnement de la Fédération de Russie	2014 ?	Océan Pacifique
Companhia de Pesquisa de Recursos Minerais (CPRM), Brésil	2014 ?	Océan Atlantique (Rio Grande Rise)

CARTES[51]

Polymetallic Nodules Exploration Areas in the Clarion-Clipperton Fracture Zone

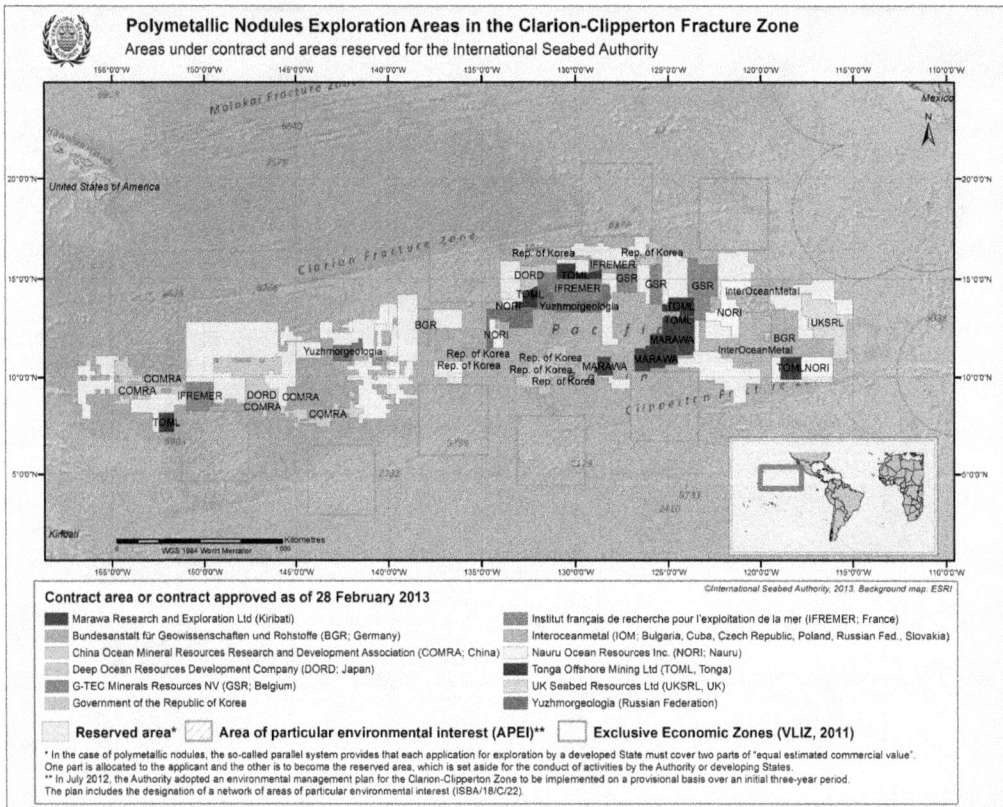

Polymetallic Nodules Exploration Areas in the Clarion-Clipperton Fracture Zone
Areas under contract and areas reserved for the International Seabed Authority

©International Seabed Authority, 2013. Background map: ESRI

Contract area or contract approved as of 28 February 2013

Marawa Research and Exploration Ltd (Kiribati)
Bundesanstalt für Geowissenschaften und Rohstoffe (BGR; Germany)
China Ocean Mineral Resources Research and Development Association (COMRA; China)
Deep Ocean Resources Development Company (DORD; Japan)
G-TEC Minerals Resources NV (GSR; Belgium)
Government of the Republic of Korea

Institut français de recherche pour l'exploitation de la mer (IFREMER; France)
Interoceanmetal (IOM; Bulgaria, Cuba, Czech Republic, Poland, Russian Fed., Slovakia)
Nauru Ocean Resources Inc. (NORI; Nauru)
Tonga Offshore Mining Ltd (TOML; Tonga)
UK Seabed Resources Ltd (UKSRL, UK)
Yuzhmorgeologia (Russian Federation)

Reserved area* — **Area of particular environmental interest (APEI)**** — **Exclusive Economic Zones (VLIZ, 2011)**

* In the case of polymetallic nodules, the so-called parallel system provides that each application for exploration by a developed State must cover two parts of "equal estimated commercial value". One part is allocated to the applicant and the other is to become the reserved area, which is set aside for the conduct of activities by the Authority or developing States.
** In July 2012, the Authority adopted an environmental management plan for the Clarion-Clipperton Zone to be implemented on a provisional basis over an initial three-year period. The plan includes the designation of a network of areas of particular environmental interest (ISBA/18/C/22).

---

[51] Source : Autorité internationale des fonds marins : http://www.isa.org.jm/en/scientific/exploration

Polymetallic Nodules and Polymetallic Sulphides Exploration Areas in the Indian Ocean

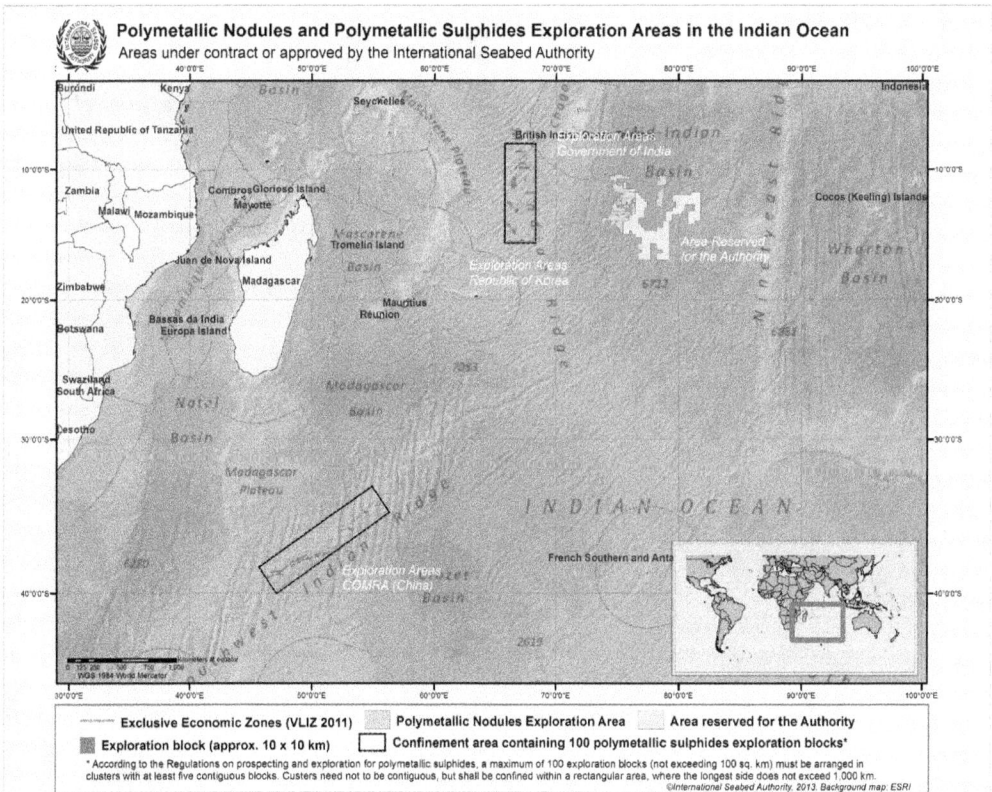

Polymetallic Nodules and Polymetallic Sulphides Exploration Areas in the Indian Ocean
Areas under contract or approved by the International Seabed Authority

Exclusive Economic Zones (VLIZ 2011)　Polymetallic Nodules Exploration Area　Area reserved for the Authority

Exploration block (approx. 10 x 10 km)　Confinement area containing 100 polymetallic sulphides exploration blocks*

* According to the Regulations on prospecting and exploration for polymetallic sulphides, a maximum of 100 exploration blocks (not exceeding 100 sq. km) must be arranged in clusters with at least five contiguous blocks. Clusters need not to be contiguous, but shall be confined within a rectangular area, where the longest side does not exceed 1,000 km.

©International Seabed Authority, 2013. Background map: ESRI

Polymetallic Sulphides Exploration Areas
in the Mid-Atlantic Ridge

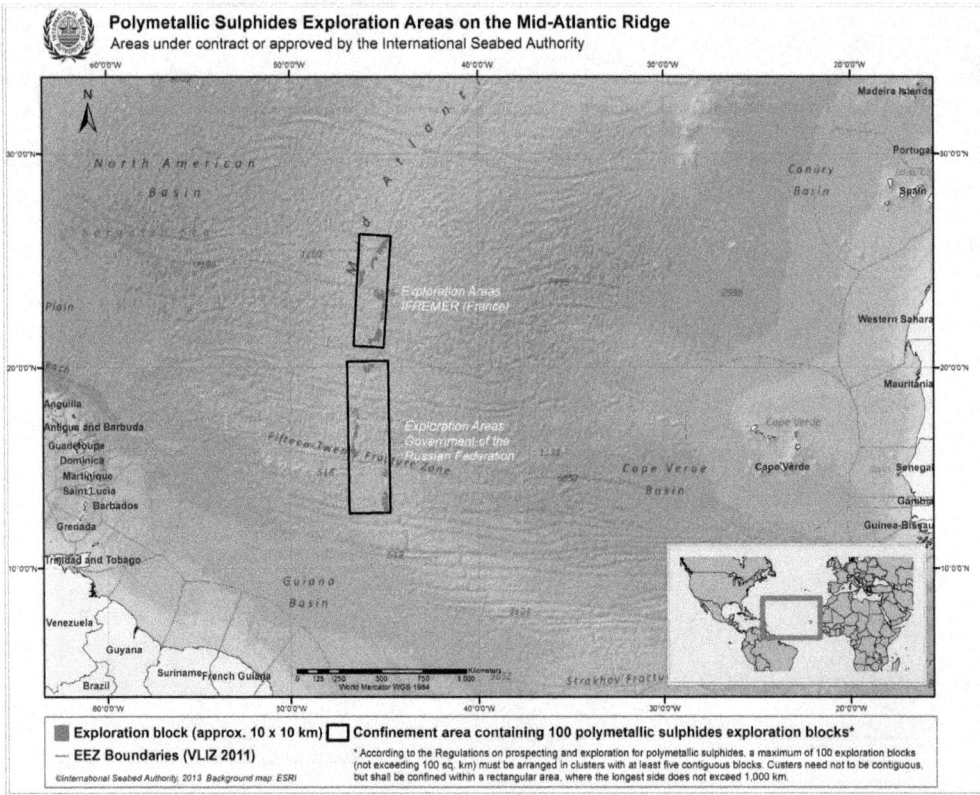

Polymetallic Sulphides Exploration Areas on the Mid-Atlantic Ridge
Areas under contract or approved by the International Seabed Authority

4. La préparation d'un code d'exploitation
pour les ressources de la Zone

Ayant achevé l'adoption des codes d'exploration des trois types de ressources qui avaient fait l'objet de demandes de plans d'exploration, l'Autorité lors de sa dix-septième session en 2011 décidait de se pencher sur la phase d'exploitation, celle-ci devant logiquement suivre l'exploration. Sur demande des États, le Secrétariat soumit des propositions aux fins d'élaborer des codes d'exploitation de ces ressources.

C'est ainsi qu'un premier document fut produit pour la dix-neuvième session[52]. Ce document soulève un certain nombre de questions qui ont fait l'objet d'un examen préliminaire et qui subiront un examen plus approfondi au cours des sessions suivantes. En particulier la suggestion de prévoir la délivrance d'une « licence d'exploitation provisoire » d'une durée de trois ans suivie d'une « licence minière ferme » fit l'objet de nombreux commentaires préliminaires.

Il en fut de même en ce qui concerne le régime fiscal à créer dans la mesure où il est suggéré qu'un tel régime devrait s'appliquer à un nouveau type d'entreprise industrielle qui correspondrait à « un modèle d'entreprise sociale hybride ». Ce modèle assignerait « expressément aux entreprises exerçant une activité dans la Zone deux objectifs simultanés : a) des bienfaits sociaux et des effets positifs spécifiques; et b) une rentabilité financière minimale. Le modèle d'entreprise sociale hybride s'écarte sensiblement du modèle d'entreprise classique, qui ne prévoit qu'un principe général de responsabilité sociale »[53].

Il est apparu clairement des premières discussions que l'élaboration d'un code d'exploitation s'étendra certainement sur quelques années et fera l'objet de moult discussions avant de voir le jour.

---

[52] Technical study N°11, Towards the development of a regulatory framework for polymetallic nodule exploitation in the Area (2013).

[53] Vers l'élaboration d'un règlement relatif à l'exploitation des nodules polymétalliques dans la Zone, Note du Secrétariat, ISBA/19/C/5, en date du 25 mars 2013.

V. *L'avenir de l'Autorité*

Alors que l'Autorité entre dans sa troisième décennie, ses États membres sont à présent convaincus de sa valeur et ont toute confiance dans sa capacité à remplir son mandat. Ils se sentent cependant confrontés à de nouvelles problématiques. Au-delà de la mise en œuvre du mandat de l'Autorité *stricto sensu*, c'est-à-dire tel qu'il découle de la Convention et de l'Accord de 1994, ils se demandent si les récents développements scientifiques et techniques ainsi que certaines pressions politiques ne tendent pas à étendre les domaines d'activité de l'Autorité.

Dans le cadre du mandat de l'Autorité, les États s'attendent à ce qu'elle participe un jour à l'exploitation de sites miniers (par le truchement d'entreprises conjointes), qu'elle développe son activité dans le domaine de la recherche scientifique et de la protection du milieu marin et qu'elle joue le rôle qui lui est dévolu dans la distribution d'une partie des recettes provenant de l'exploitation des ressources minérales des plateaux continentaux au-delà des 200 milles.

Les questions qui ont été soulevées récemment ressortissent à l'impact d'une éventuelle extension de l'activité de l'Autorité tant dans la protection de l'environnement marin que dans l'exploitation d'autres ressources des fonds marins telles que les terres rares, et surtout du rôle qu'elle pourrait jouer dans la gestion des ressources génétiques des fonds marins.

1. L'exploitation de sites miniers

Les dispositions de la Convention et de l'Accord de 1994 relatives à l'exploitation de sites miniers sont sans ambiguïté. En ce qui concerne les nodules de manganèse, grâce au système parallèle, l'Autorité dispose d'un certain nombre de sites qu'elle pourra exploiter éventuellement, dans la mesure où les conditions technologiques, économiques et financières le permettront.

En 2011, les gouvernements de Nauru et de Tonga furent les premiers pays en voie de développement à demander et à obtenir un permis d'exploration pour les nodules s'appliquant à des sites qui avaient été réservés à l'Autorité conformément aux dispositions du système parallèle. L'année suivante, ce furent des entités patronnées par le Royaume-Uni, la Belgique et Kiribati qui demandèrent et obtinrent leur permis d'exploration pour les nodules. Tandis que le site attribué à Kiribati faisait partie des sites réservés à l'Autorité, les sites faisant l'objet des demandes parrainées par la Belgique et le Royaume-Uni furent divisés en deux afin d'offrir à l'Autorité des secteurs réservés d'une valeur commerciale équivalente aux secteurs attribués aux contractants belge et britannique.

Le système parallèle qui avait fait l'objet d'un compromis historique lors de la troisième Conférence se révèle donc effectif. Lorsque l'on passera au stade de l'exploitation, l'Autorité pourra devenir partie prenante dans le cadre de co-entreprises et par le truchement de son « Entreprise »[54].

Pour ce qui est des autres ressources, les codes visant leur exploration prévoient explicitement différentes modalités qui permettent à l'Autorité d'être associée à l'opérateur. Certes, le concept rigide d'un système parallèle a dû être modifié quelque peu pour tenir compte de la nature de ces ressources. Il est essentiellement remplacé par un concept d'association dans le cadre de co-entreprises.

Dès l'adoption du Règlement des sulfures en 2010, la Chine, et peu après la Fédération de Russie demandèrent et obtinrent leurs permis d'exploration. Les deux contractants choisirent d'offrir une participation au capital d'une entreprise conjointe conformément à l'article 19 de ce Règlement.

L'année suivante, ce fut le tour de la France et de la République de Corée d'obtenir l'approbation de leur demande pour l'exploration des sulfures polymétalliques et de s'engager à offrir une participation au capital d'une entreprise conjointe.

Peu après l'adoption du Règlement concernant l'exploration des encroûtements cobaltifères en 2012, la Chine et le Japon soumirent des demandes d'exploration, toutes deux assorties de l'offre d'une participation au capital d'une entreprise conjointe, conformément à l'article 19 du Règlement des encroûtements cobaltifères.

Cette tendance à associer l'Autorité semble à présent devenir la norme et il est donc prévisible que lors des phases d'exploitation des ressources minérales de la Zone internationale, l'Autorité sera à même de participer effectivement, à tout le moins dans le cadre d'entreprises conjointes, à la mise en valeur du patrimoine commun de l'humanité.

2. La distribution d'une partie des recettes provenant de l'exploitation du plateau continental au-delà des 200 milles

En vertu de l'article 76 de la Convention, tout État côtier peut étendre sa juridiction sur son plateau continental jusqu'à une distance de 200 milles ou, lorsque son plateau continental s'étend au-delà des 200 milles marins, il a le choix, pour déterminer les limites de son plateau continental, entre l'utilisation de lignes reliant les points extrêmes où l'épaisseur des roches sédimentaires est égale au centième au moins de la distance entre le point considéré et le pied du talus du plateau continental et l'utilisation de lignes reliant des points fixes situés à 60 milles marins du pied du talus continental. Quelle que soit la méthode employée, il y a une distance maximale à ne pas dépasser qui est de 350 milles marins des lignes de base, ou de 100 milles

---

[54] En ce qui concerne l'Entreprise, en vertu de l'article 170 de la Convention et du §2 de la section 2 de l'annexe de l'Accord du 28 juillet 1994, il appartiendra au Conseil de décider de sa création effective comme entité distincte de l'Autorité dans la mesure où certaines conditions seront remplies.

marins de l'isobathe de 2500 mètres de profondeur. La ligne extérieure qui doit être tracée doit l'être sur la base de lignes droites n'excédant pas 60 milles de longueur.

En vertu de l'article 82 de la Convention, « L'État côtier acquitte des contributions en espèces ou en nature au titre de l'exploitation des ressources non biologiques du plateau continental au-delà de 200 milles marins ... [cependant] Tout État en développement qui est importateur net d'un minéral extrait de son plateau continental est dispensé de ces contributions en ce qui concerne ce minéral ».

Ce n'est qu'après cinq ans d'exploitation du gisement que l'État doit débuter sa contribution. La sixième année, la contribution est de 1% de la valeur ou du volume de la production et augmente au cours des années suivantes d'un point par an jusqu'au taux de 7 % atteint lors de la douzième année. La contribution se stabilise dès lors à ce niveau. Ces contributions doivent être faites à l'Autorité qui a pour mission, selon les termes de l'article 82, « de les répartir entre les États parties selon des critères de partage équitables, compte tenu des intérêts et besoins des États en développement, en particulier des États en développement les moins avancés ou sans littoral ».

L'article 82 de la Convention est le résultat d'un quid pro quo et représente un cas unique. Il a été rédigé dans un esprit d'équilibre : en contrepartie du droit accordé à certains États côtiers pouvant en bénéficier, d'étendre leur plateau continental au-delà des 200 milles marins et de jouir de l'exploitation de ses ressources, obligation leur est faite de verser un pourcentage des revenus aux pays en voie développement par l'intermédiaire de l'Autorité. Ainsi que le mentionne Michael Lodge : « A coastal State's entitlement to article 76 outer continental shelf benefits is 'conditioned' by the obligation in article 82[55]. » Cependant, l'article 82 présente de nombreuses ambigüités et ne répond aucunement aux difficultés que son application soulève.

Sur la base de nos connaissances actuelles, les ressources visées comprennent principalement pétrole et gaz naturel, mais peuvent également inclure des minéraux tels que fer, nickel ou cobalt par exemple. Ces régions de plateau continental étendu pourraient couvrir plus de 15 millions de kilomètres carrés que l'on peut comparer aux 85 millions de kilomètres carrés de zones économiques exclusives et aux 260 millions de kilomètres carrés de la Zone internationale[56]. Il importe de rappeler que dans de nombreuses régions du monde, les marges continentales s'étendent bien au-delà de 200 milles[57].

En vertu de l'article 76 de la Convention, il appartient aux États côtiers de soumettre les limites extérieures de leur plateau continental à la Commission des limites du plateau continental (CLPC). Celle-ci est chargée de formuler des recommandations à propos des demandes soumises.

---

[55] Michael W. Lodge est Adjoint du Secrétaire général et Conseiller juridique, au Secrétariat de l'Autorité. Voir Article 82 of the United Nations Convention on the Law of the Sea; Second International Symposium on Scientific and Legal Aspects of the Regimes of the Continental Shelf and the Area, 7-9 November 2011, Hangzhou, Chine.

[56] International Seabed Authority, Issues associated with the implementation of Article 82 of the United Nations Convention of the Law of the Sea. Technical study. No. 4, 2009.

[57] Voir P. Cook et C. Carleton, Continental Shelf Limits, Oxford University Press, 2000.

Les États concernés étaient censés soumettre leurs demandes dans un délai de dix ans suivant leur ratification de la Convention. Compte tenu des difficultés rencontrées par de nombreux États, la Réunion des États Parties décidait que les États ayant ratifié avant le 13 mai 1999 pourraient soumettre leurs demandes jusqu'au 13 mai 2009[58].

A cette date, 51 demandes complètes et 44 dossiers contenant des informations préliminaires avaient été soumis par quelques 70 États.

Au 15 avril 2014, la CLPC avait reçu 72 demandes complètes et avait adopté 20 séries de recommandations concernant les limites extérieures du plateau continental au-delà des 200 milles marins[59].

Le rôle de la CLPC est crucial pour l'Autorité dans la mesure où la fixation des limites extérieures des plateaux continentaux des États qui se prolongent au-delà des 200 milles marins détermine a contrario les limites de la Zone internationale des fonds marins dont les ressources doivent être gérées par l'Autorité.

Pour l'instant il n'existe pas d'importantes activités d'exploitation de ressources non biologiques au-delà de 200 milles des côtes, mais les progrès dans ce domaine ont été extrêmement rapides au cours de la dernière décennie et se poursuivent constamment surtout dans le domaine des hydrocarbures.

Compte tenu de l'importance économique des sources d'approvisionnement énergétique, on doit s'attendre à ce que les limites technologiques actuelles soient régulièrement repoussées et l'on ne peut exclure que des exploitations du plateau continental au-delà des 200 milles puissent avoir lieu dans un avenir relativement rapproché. Dans cette éventualité, il faut que l'Autorité soit prête à jouer le rôle qui lui est dévolu par la Convention. Il lui faut adopter les règles lui permettant d'avoir des relations directes avec l'État dont le plateau continental est exploité ainsi qu'éventuellement avec l'entreprise privée ou publique procédant à l'exploitation. Il lui faudra sans doute disposer des informations nécessaires au contrôle des contributions dues et il lui faudra établir les procédures de distribution de celles-ci aux États mentionnés dans l'article 82. La préparation de l'ensemble de ces règles et leur adoption par l'Autorité ne seront pas choses aisées.

Afin de se préparer à s'acquitter de ses responsabilités dans ce domaine, l'Autorité a pris diverses initiatives. En premier lieu, l'Autorité a organisé, en coopération avec l'Institut royal des affaires internationales (Chatham House, Royaume-Uni), un séminaire dont l'objectif était de clarifier cette question. Du 11 au 13 février 2009 des experts provenant de différents milieux se sont penchés sur les problèmes soulevés par l'interprétation et l'application de l'article 82.

Dans les rapports finaux publiés par l'Autorité[60] ils ont identifié un certain nombre de questions qui se poseront tant aux États qui exploiteront les ressources non biologiques du plateau continental étendu qu'à l'Autorité.

---

[58] Seulement une quinzaine de ces États ne sont pas considérés comme des pays en voie de développement. Parmi ces derniers, les superficies que leurs marges continentales gagneraient pourraient avoir une importance économique majeure.

[59] Voir: http://www.un.org/Depts/los

[60] Technical study No. 4 (2009) et No. 5 (2010), International Seabed Authority, Kingston.

Les discussions entamées au cours de ce séminaire se sont poursuivies lors d'une réunion convoquée en coopération avec le *China Institute for Marine Affairs* (CIMA) du *State Oceanic Administration of China* à Beijing du 26 au 30 novembre 2012. En fait cette réunion a essentiellement approfondi les sujets traités précédemment et a considéré en particulier un possible modèle d'accord entre l'Autorité et un État doté d'un plateau continental étendu ainsi que les critères que l'on pourrait adopter afin de permettre à l'Autorité de procéder à la distribution équitable des contributions reçues[61].

Les résultats de cet atelier ont été portés à la connaissance de l'Autorité au cours de sa dix-neuvième session par le Secrétaire général[62]. Parmi les principales recommandations, le Secrétaire général a insisté sur la préférence que l'on devrait accorder aux paiements en espèces plutôt qu'en nature, sur la possibilité de prévoir un mémorandum d'accord entre l'Autorité et l'État à plateau continental étendu, sur l'importance de déterminer des critères valables de partage équitable ainsi que sur la possibilité de répartir les contributions par l'intermédiaire de programmes et de fonds déjà établis afin d'aider les pays en voie de développement.

A la lumière des premières discussions qui ont eu lieu à la suite de cette présentation, il apparaît clairement que la mise en œuvre des dispositions de l'article 82 va se révéler extrêmement complexe et demandera du temps, de l'imagination et un sens aigu du compromis de la part de tous les États concernés.

3. La problématique des ressources génétiques des fonds marins

L'Autorité qui, en vertu de l'article 157 de la Convention, est chargée du contrôle des « activités menées dans la Zone, notamment aux fins de l'administration des ressources de celle-ci », se trouve au centre d'une polémique grandissante au sein de différentes enceintes internationales, concernant les ressources génétiques, et en particulier celles qui pourraient être associées aux évents des fonds marins.

Au sein de l'Autorité, cette question a fait une entrée remarquée lors de la neuvième session (2003) des travaux de la Commission juridique et technique, qui a décidé d'en examiner la substance, tant sur le plan scientifique que juridique. Le Conseil a accepté que l'Autorité étudie les relations entre l'exploration des nouvelles ressources (en particulier les sulfures polymétalliques associées aux sources hydrothermales) et la protection des ressources biologiques, y compris la question de la biodiversité[63].

Cependant l'essentiel des discussions concernant la problématique des ressources génétiques a lieu au sein de divers forums dans lesquels l'Autorité n'est qu'un observateur privilégié.

---

[61] Implementation of Article 82 of the United Nations Convention on the Law of the Sea, ISA Technical Study, N°12, 2013.

[62] Conclusions de l'Atelier international consacré à la poursuite de l'examen de l'application de l'article 82 de la Convention des Nations Unies sur le droit de la mer. Document ISBA/19/A/4, en date du 6 mai 2013.

[63] Compte tenu de l'utilisation du potentiel génétique de récentes découvertes dans les fonds marins, on a soutenu qu'il faudrait plutôt parler d'« informations génétiques » plutôt que de « ressources génétiques ».

La question a été soulevée dans des termes très généraux dans le cadre de l'examen de la mise en œuvre de la Convention. Elle est aussi directement pertinente pour les développements qui ont eu lieu au sein de la Conférence des États parties à la Convention sur la diversité biologique. Et enfin, elle est devenue la clef de voûte du « Groupe de travail spécial à composition non limitée sur les questions relatives à la conservation et l'exploitation durable de la biodiversité marine dans les zones au-delà de la juridiction nationale »[64].

a. La Convention des Nations Unies sur le droit de la mer

La Convention ne contient aucune disposition concernant la diversité biologique de la Zone car lors de la rédaction de la Convention, la communauté internationale ignorait l'existence de ressources biologiques associées aux ressources minérales. Elle contient cependant des dispositions régissant la recherche scientifique dans la Zone, et la protection et la préservation de la flore et de la faune dans le cadre des activités d'exploration des ressources minérales. En vertu de son mandat actuel, l'Autorité peut ainsi s'opposer à certaines activités lorsqu'elles sont préjudiciables à l'environnement mais elle ne peut pas autoriser des activités visant directement les ressources génétiques des fonds marins.

b. La Convention sur la diversité biologique

Cette Convention sur la diversité biologique, adoptée dix ans après la Convention sur le droit de la mer, contient quant à elle des règles applicables à la conservation et à la gestion de la diversité biologique des fonds marins. Dans ce contexte, la biodiversité devient une « préoccupation commune de l'humanité » et non pas un « patrimoine commun de l'humanité ». Les zones sous juridiction nationale reçoivent un traitement différent des zones en-dehors de ces limites. La Convention sur la diversité biologique ne vise que les processus et activités réalisés dans les zones en dehors des limites de la juridiction nationale pouvant nuire à la diversité biologique, et enjoint aux parties de coopérer « pour la conservation et l'utilisation durable de la diversité biologique ».

Dans le cadre de la Conférence des parties, des avancées notables ont été réalisées, mais ces dernières visent l'ensemble de la diversité biologique, et non pas le traitement spécifique des ressources génétiques, en particulier celles des fonds marins.

Cette Conférence se tient tous les deux ans depuis l'adoption de la Convention en 1992 durant le Sommet de la terre à Rio, mais ce n'est qu'en 2010, lors de la dixième réunion de la Conférence des parties à la Convention sur la diversité biologique, que les négociations ont abouti à un protocole signé à Nagoya (Japon). Les États présents à cette Conférence se sont engagés à prendre des mesures afin de protéger la biodiversité et de réduire le rythme d'extinction des espèces biologiques.

---

[64] Lors de la cinquante-neuvième session de l'Assemblée générale en novembre 2004, celle-ci décida « de créer un groupe de travail spécial officieux à composition non limitée qui sera chargé d'étudier les questions relatives à la conservation et à l'exploitation durable de la biodiversité marine dans les zones situées au-delà de la juridiction nationale ».

Ils se sont également entendus sur un régime concernant l'accès et le partage des avantages issus de l'exploitation des ressources génétiques. En cas de défaillance et de non-respect des engagements pris, le protocole prévoit la possibilité de poursuite et de sanctions.

Outre l'adoption du Protocole de Nagoya sur le partage des ressources génétiques, la Conférence des États parties a adopté un Plan Stratégique pour la Biodiversité découpé en 20 objectifs – appelés « Objectifs d'Aichi » – qui ont pour but de sauver la biodiversité d'ici 2020. Les pays se sont engagés à protéger au moins 17% des zones terrestres et 10% des zones marines et côtières d'ici 2020 en créant des réseaux d'aires et une stratégie de mobilisation des ressources financières pour augmenter les niveaux actuels de l'APD (l'aide publique au développement) dans le domaine de la biodiversité.

Deux ans après, la onzième Conférence des parties réunie à Hyderabad (Inde), du 8 au 19 octobre 2012 a tenté de mettre en place les avancées décidées à Nagoya, en particulier sur la question du financement des mesures de protection de la biodiversité, et la mise en œuvre du Protocole de Nagoya sur l'accès et le partage des avantages (APA).

c. Le Groupe de travail spécial officieux à composition non limitée chargé d'étudier les questions relatives à la conservation et à l'exploitation durable de la biodiversité marine dans les zones situées au-delà de la juridiction nationale

C'est dans le cadre de ce Groupe de travail créé par l'Assemblée Générale des Nations Unies que les références au rôle possible de l'Autorité dans la conservation et l'exploitation durable de la biodiversité marine ont été les plus fréquentes. Lors de la réunion de 2012 du Groupe de travail officieux sur la biodiversité certains États ont rappelé que le régime prévu par la partie XI de la Convention n'était applicable qu'aux ressources minérales de la Zone et qu'il ne pouvait en aucun cas être utilisé pour régler le problème posé par les ressources génétiques[65]. D'après les tenants de cette approche, les ressources génétiques marines au-delà de la juridiction nationale étaient régies par la partie VII de la Convention, relative à la haute mer.

A l'opposé de cette approche, d'autres États ont proposé d'étudier la possibilité de réglementer les ressources génétiques marines dans les zones situées au-delà de la juridiction nationale, en les rattachant aux ressources du patrimoine commun de l'humanité. Toutes les ressources du fond des mers et des océans dans les zones situées au-delà de la juridiction nationale appartiendraient à la Zone. En conséquence, les principes énoncés dans la partie XI de la Convention s'appliqueraient également aux ressources génétiques marines de la Zone.

Compte tenu de la complexité du sujet et des différentes interprétations qui avaient cours, il fut décidé de convoquer des ateliers intersessions. Ceux-ci eurent lieu les 2-3 mai et 6-7 mai 2013. Les différents aspects de la problématique des ressources génétiques au-delà de la juridiction nationale furent abordés et la teneur des présentations ainsi que des échanges de vues qui eurent lieu ont permis de clarifier de nombreux aspects

---

[65]   Voir document A/67/95, en date du 13 juin 2012.

sans toutefois permettre une compréhension totale de toutes les ramifications du sujet[66]. La session suivante du Groupe de travail spécial se tint du 19 au 23 août 2013.

Quelques semaines avant l'ouverture de la session, l'Union européenne et ses 28 États membres prenaient l'initiative de proposer que l'on lance « des travaux préparatoires en vue de l'élaboration, dans le cadre de la Convention des Nations Unies sur le droit de la mer, d'un instrument international portant sur la conservation et l'exploitation durable de la biodiversité marine dans les zones situées au-delà des limites de la juridiction nationale »[67].

Par cette demande, l'Union européenne et ses États membres demandaient en fait qu'à l'instar de ce qui avait été fait pour la partie XI de la Convention (Accord de 1994) et de ce qui avait été accompli pour les stocks de poisson chevauchants et les stocks de poissons grand migrateurs (Accord de 1995), la Communauté internationale accepte de négocier un nouvel « accord d'application » de la Convention concernant cette fois-ci la biodiversité marine au-delà de la juridiction nationale.

Cette demande s'inscrivait dans le droit fil des conclusions de la Conférence de Rio+20. En effet, lors de cette conférence, les États s'étaient engagés à « (s)'attaquer d'urgence, avant la fin de la soixante-neuvième session de l'Assemblée générale, à la question de la conservation et de l'exploitation durable de la diversité biologique marine dans les zones qui ne relèvent pas des juridictions nationales, notamment en prenant une décision sur l'élaboration d'un instrument international dans le cadre de la Convention sur le droit de la mer. »[68]

A l'issue de la réunion du Groupe de travail spécial, on s'accorda donc sur le texte d'une recommandation qui allait être incorporée dans la « résolution omnibus » sur le droit de la mer, adoptée lors de la 68ème session de l'Assemblée générale en décembre 2013[69].

Après s'être référé à l'engagement pris par les États lors de Rio+20, cette résolution de l'Assemblée générale recommande d'entamer un processus devant permettre l'adoption d'un instrument international dans le cadre de la Convention.

Pour ce faire, le groupe de travail spécial tiendra au moins trois réunions de quatre jours chacune (deux en 2014 et une en 2015) afin de soumettre à l'Assemblée générale ses recommandations concernant « la portée, les grandes lignes et les possibilités d'application d'un instrument international élaboré dans le cadre de la Convention » (§ 198 de la résolution).

Afin de contribuer à ce travail, les États sont invités à faire connaître leurs vues qui feront l'objet d'une publication dans un document de travail officieux.

A ce stade, la difficulté majeure à laquelle sont confrontées toutes les délégations tient à l'absence d'approche commune dans trois domaines ayant tous un impact sur le traitement possible de la question : il s'agit du type de ressources concernées, des

---

[66] Résumé des délibérations établi par les co-présidents, Document A/AC.276/6, en date du 10 juin 2013.

[67] Note verbale datée du 23 juillet 2013 adressée au Secrétaire général par la Mission permanente de la Lituanie auprès des Nations Unies. Document A/AC.276/7, en date du 24 juillet 2013.

[68] *L'avenir que nous voulons*, A/RES/66/288, paragraphe 162, en date du 11 septembre 2012.

[69] Résolution 68/70 de l'Assemblée générale, en date du 9 décembre 2013.

définitions acceptables (en particulier relatives à la recherche scientifique et à la bio-prospection), et du régime juridique qui pourrait s'appliquer.

Quelle que soit la position actuelle des États, et quels que soient les résultats du processus qui va s'engager, la communauté internationale ne pourra éviter une implication de l'Autorité internationale des fonds marins au vu de ses compétences et responsabilités reconnues dans la gestion de la Zone et la protection de ses ressources.

4. Le potentiel des « terres rares »

C'est à partir des années 2010/2011 que l'on commença à parler des « terres rares » au sein de l'Autorité car il apparaissait de plus en plus probable que l'on puisse un jour exploiter ces ressources en provenance des fonds marins.

Dans un document de synthèse établi par l'Autorité en 2012, une présentation des éléments de terres rares ainsi que leur importance pour la haute technologie et la « technologie verte » a été faite. Selon l'auteur, « les terres rares composent le groupe des lanthanides (15 éléments dans le tableau périodique), dont 14 se produisent dans la nature et une, le prométhium, ne se produit pas dans la nature... Les utilisations de terres rares dans les sociétés modernes sont multiples et comprennent voitures hybrides et électriques, éoliennes, systèmes d'armes, moteurs, aimants pour de nombreuses applications... »[70]

Selon un article paru dans *Le Monde* daté du 21 mars 2013, « [L]es scientifiques japonais affirment avoir trouvé des gisements de terres rares près de l'île Minamitorishima, situé quelque 2.000 kilomètres au sud-est de Tokyo dans l'océan Pacifique. Dans un communiqué de presse, des scientifiques de l'Université de Tokyo et l'Agence japonaise pour *Marine-Earth Science and Technology* ont annoncé que des échantillons de boue prélevés à une profondeur de 5.800 mètres révèlent de fortes concentrations de terres rares. »

L'Autorité a lancé une étude technique visant à savoir si les gisements des fonds marins peuvent être une nouvelle source de terres rares, qui constitueraient un sous-produit des activités d'extraction sous-marines[71].

Dans son rapport soumis à la dix-neuvième session, le Secrétaire général indique que « Le Secrétariat a achevé la première partie d'une étude technique visant à déterminer la répartition géographique de l'abondance des différents éléments de terre rare dans les principales zones riches en encroûtements cobaltifères et en nodules polymétalliques, y compris dans l'océan Pacifique central, l'océan Indien central et l'océan Atlantique sud, ainsi que la teneur de ces gisements en terres rares. »[72] La seconde partie de l'étude devra traiter de la viabilité de l'exploitation de ces terres rares et donner une indication sur le potentiel économique de ces ressources.

---

[70] Voir la note d'information sur les terres rares préparée par J. Hein pour le séminaire de sensibilisation sur l'activité de l'Autorité tenu à New York le 16 février 2012. Briefing Paper 02/12, May 2012 (www.isa.org.jm)

[71] Rapport du Secrétaire général, ISBA/17/A/2, en date du 13 juin 2011.

[72] Rapport du Secrétaire général, ISBA/19/A/2, §78, en date du 22 mai 2013.

La possibilité de récupérer des « terres rares » des sites d'exploitation des fonds marins conférerait à ces derniers une valorisation supplémentaire importante. Il s'agirait pour l'Autorité de prévoir l'impact de cette possibilité en terme de réglementation.

VI. *Une réflexion en guise de conclusion*

On s'accorde à penser que le régime juridique établi par la Convention sur le droit de la mer est le résultat le plus réussi de la coopération entre États souverains depuis la fondation de l'Organisation des Nations Unies.

Dans le cadre de ce régime, l'Autorité occupe une place singulière car elle demeure pour l'instant la seule organisation internationale investie de pouvoirs de gestion économique sur une grande partie de notre planète et de ses ressources qui ont été reconnus il y a près d'un demi-siècle comme patrimoine commun de l'humanité.

Alors que l'institution fête ses vingt ans, il est pertinent de rappeler combien sa croissance et son développement au cours des deux dernières décennies ont été complexes et ardus. C'est à cette aune que l'on doit apprécier le statut unique qu'elle s'est acquis.

Jouissant à présent d'une acceptation quasi universelle de la part de la communauté internationale, l'Organisation continue de s'affirmer au fil des ans comme une structure très efficace qui s'est révélée capable de répondre adéquatement aux besoins des États.

Les réalisations et le niveau de soutien dont bénéficie l'Autorité démontrent amplement son potentiel. Ce contexte pourrait aisément justifier une extension de son mandat opérationnel afin de fournir aux États des solutions innovantes aux défis émergents auxquels ils sont confrontés dans le domaine de la préservation de l'environnement des fonds marins et du développement de ses ressources, peut-être même génétiques.

***

ANNEXE I
AVIS CONSULTATIF SOUMIS À LA CHAMBRE POUR LE RÈGLEMENT DES DIFFÉRENDS RELATIFS AUX FONDS MARINS DU TRIBUNAL INTERNATIONAL DU DROIT DE LA MER

A sa 161ème séance, le 6 mai 2010, le Conseil a demandé à la Chambre de rendre un avis consultatif sur les points suivants :

« 1. Quelles sont les responsabilités et obligations juridiques des États parties à la Convention qui patronnent des activités dans la Zone en application de la Convention, en particulier de la partie XI, et de l'Accord de 1994 relatif à l'application de la partie XI de la Convention des Nations Unies sur le droit de la mer du 10 décembre 1982?

2. Dans quelle mesure la responsabilité d'un État partie est-elle engagée à raison de tout manquement aux dispositions de la Convention, en particulier de la partie XI, et de l'Accord de 1994 de la part d'une entité qu'il a patronnée en vertu de l'article 153, paragraphe 2 b), de la Convention?

3. Quelles sont les mesures nécessaires et appropriées qu'un État qui patronne la demande doit prendre pour s'acquitter de la responsabilité qui lui incombe en application de la Convention, en particulier de l'article 139 et de l'annexe III, ainsi que de l'Accord de 1994? »

Dispositif de l'avis consultatif de la Chambre pour le règlement des différends relatifs aux fonds marins

Par ces motifs, La Chambre,

1. À l'unanimité,
Dit qu'elle a compétence pour donner l'avis consultatif demandé;

2. À l'unanimité,
Décide de donner suite à la demande d'avis consultatif;

3. À l'unanimité,
Répond comme suit à la Question 1 soumise par le Conseil :

Les États qui patronnent ont deux types d'obligations aux termes de la Convention et des instruments qui s'y rapportent.

A.   L'obligation de veiller au respect par le contractant patronné des termes du contrat et des obligations énoncées dans la Convention et les instruments qui s'y rapportent.

Il s'agit d'une obligation de « diligence requise ». L'État qui patronne est tenu de faire de son mieux pour que les contractants patronnés s'acquittent des obligations qui leur incombent.

La norme relative à la diligence requise peut varier dans le temps et dépendre du niveau de risque des activités concernées.

Cette obligation de « diligence requise » nécessite que l'État qui patronne prenne des mesures au sein de son système juridique. Ces mesures doivent être des lois et règlements et des mesures administratives. Ces mesures doivent répondre à une norme, être « raisonnablement appropriées ».

B.   Obligations directes auxquelles les États qui patronnent doivent se conformer indépendamment de leur obligation de veiller à ce que les contractants patronnés adoptent une certaine conduite.

Le respect de ces obligations peut aussi être considéré comme un facteur pertinent pour que l'État qui patronne s'acquitte de son obligation de « diligence requise ».

Les obligations directes les plus importantes incombant à l'État qui patronne sont les suivantes :

(a) L'obligation d'aider l'Autorité, énoncée à l'article 153, paragraphe 4, de la Convention;

(b) L'obligation d'appliquer une approche de précaution, reflétée dans le principe 15 de la Déclaration de Rio et énoncée dans le Règlement relatif aux nodules et le Règlement relatif aux sulfures. Il convient aussi de considérer que cette obligation fait partie intégrante de l'obligation de « diligence requise » de l'État qui patronne et est applicable au-delà du cadre du Règlement relatif aux nodules et du Règlement relatif aux sulfures;

(c) L'obligation d'appliquer les meilleures pratiques écologiques, énoncée dans le Règlement relatif aux sulfures, mais également applicable dans le contexte du Règlement relatif aux nodules;

(d) L'obligation d'adopter des mesures afin que le contractant fournisse des garanties dans l'éventualité d'ordres en cas d'urgence pour assurer la protection du milieu marin; et

(e) L'obligation d'offrir des voies de recours pour obtenir réparation.

L'État qui patronne a l'obligation de diligence requise de veiller à ce que le contractant patronné respecte l'obligation de procéder à une évaluation de l'impact sur l'environnement qui lui est faite au paragraphe 7, de la section 1 de l'annexe à l'Accord de 1994. L'obligation de procéder à une évaluation de l'impact sur l'environnement est également une obligation générale en droit coutumier et est énoncée en tant qu'obligation directe de tous les États à l'article 206 de la Convention et en tant qu'un des aspects de l'obligation faite à l'État qui patronne d'aider l'Autorité en vertu de l'article 153, paragraphe 4, de la Convention.

Ces deux types d'obligations s'appliquent également aux États développés et aux États en développement, sauf disposition contraire dans les textes applicables, tel que le principe 15 de la Déclaration de Rio, dont il est fait mention dans le Règlement relatif aux nodules et dans le Règlement relatif aux sulfures, selon lequel les États doivent appliquer l'approche de précaution « selon leurs capacités ».

Les dispositions de la Convention qui prennent en compte des intérêts et des besoins spécifiques des pays en développement devraient être appliquées effectivement afin que les États en développement soient en mesure de participer aux activités minières relatives aux grands fonds marins sur un pied d'égalité avec les États développés.

4. A l'unanimité,
***Répond* comme suit à la Question 2 soumise par le Conseil :**

La responsabilité de l'État qui patronne est engagée lorsqu'il y a manquement aux obligations qui lui incombent en vertu de la Convention et des instruments qui s'y rapportent. Le manquement du contractant patronné à ses obligations n'engage pas automatiquement la responsabilité de l'État qui patronne.

Les conditions auxquelles la responsabilité de l'État qui patronne est engagée sont les suivantes :

a) Manquement de l'État qui patronne aux obligations qui lui incombent aux termes de la Convention;
b) Existence d'un dommage.

La responsabilité de l'État qui patronne en cas de manquement à ses obligations de diligence requise nécessite qu'un lien de causalité soit établi entre ce manquement et le dommage. Cette responsabilité est déclenchée par un dommage résultant d'un manquement du contractant patronné à ses obligations.

L'existence d'un lien de causalité entre le manquement de l'État qui patronne et le dommage est requise et ne peut être présumée.

L'État qui patronne est exonéré de toute responsabilité s'il a pris « toutes les mesures nécessaires et appropriées pour assurer le respect effectif », par le contractant patronné, des obligations qui incombent à ce dernier. Cette exonération de responsabilité ne s'applique pas si l'État qui patronne a manqué à ses obligations directes.

La responsabilité de l'État qui patronne et celle du contractant patronné existent parallèlement et ne sont pas conjointes et solidaires. L'État qui patronne n'a pas de responsabilité résiduelle.

En cas de patronage multiple, la responsabilité est conjointe et solidaire sauf si les Règlements de l'Autorité en disposent autrement.

La responsabilité de l'État qui patronne doit correspondre au montant effectif du dommage.

Aux termes du Règlement relatif aux nodules et du Règlement relatif aux sulfures, le contractant reste responsable même après l'achèvement de la phase d'exploration. Ceci est également applicable à la responsabilité de l'État qui patronne.

Les règles relatives à la responsabilité énoncées dans la Convention et les instruments qui s'y rapportent sont sans préjudice des règles du droit international. Dans le cas où l'État qui patronne a honoré ses obligations, le dommage causé par le contractant patronné n'engage pas la responsabilité de l'État qui patronne. Si l'État qui patronne a manqué à ses obligations et qu'il n'en est pas résulté de dommages, les conséquences de cet acte illicite sont déterminées par le droit international coutumier.

Il pourrait être envisagé de créer un fonds d'affectation spéciale pour couvrir les dommages non couverts en vertu de la Convention.

5. A l'unanimité,
Répond comme suit à la Question 3 soumise par le Conseil :

La Convention demande que l'État qui patronne adopte, au sein de son système juridique, des lois et règlements et prenne des mesures administratives qui ont deux fonctions distinctes, d'une part, faire en sorte que le contractant honore les obligations qui lui incombent, de l'autre, exonérer l'État qui patronne de sa responsabilité.

La nature et la portée de ces lois et règlements et des mesures administratives sont fonction du système juridique de l'État qui patronne.

Ces lois et règlements et ces mesures administratives peuvent prévoir la mise en place de mécanismes de surveillance active des activités du contractant patronné et de coordination entre les activités de l'État qui patronne et celles de l'Autorité.

Les lois et règlements et les mesures administratives devraient être en vigueur aussi longtemps que le contrat passé avec l'Autorité est applicable.

L'existence de ces lois et règlements et de ces mesures administratives n'est pas une condition de la conclusion d'un contrat avec l'Autorité; toutefois, elle est nécessaire pour que l'État qui patronne s'acquitte de l'obligation de diligence requise et qu'il puisse être exonéré de sa responsabilité.

Ces mesures nationales devraient aussi couvrir les obligations qui incombent au contractant après l'achèvement de la phase d'exploration, conformément à l'article 30 du Règlement relatif aux nodules et à l'article 32 du Règlement relatif aux sulfures.

Compte tenu de l'exigence selon laquelle les mesures adoptées par l'État qui patronne doivent être des lois et règlements et des mesures administratives, on ne saurait considérer que cet État a satisfait à ses obligations s'il a seulement conclu un arrangement contractuel avec le contractant.

L'État qui patronne ne dispose pas d'un pouvoir discrétionnaire absolu en ce qui concerne l'adoption de lois et règlements et la prise de mesures administratives. Il doit agir de bonne foi en prenant en considération les différentes options qui se présentent à lui d'une manière raisonnable, pertinente et favorable à l'intérêt de l'humanité tout entière.

En matière de protection du milieu marin, les lois et règlements et les mesures administratives de l'État qui patronne ne peuvent pas être moins stricts que ceux adoptés par l'Autorité ou moins efficaces que les règles, règlements et procédures internationaux.

Les dispositions que l'État qui patronne peut juger nécessaire d'inclure dans sa législation nationale peuvent concerner, entre autres, la viabilité financière et les capacités techniques des contractants patronnés, les conditions régissant la délivrance d'un certificat de patronage et les sanctions en cas de manquement desdits contractants.

Au titre de son obligation de « diligence requise », l'État qui patronne doit veiller à ce que les obligations du contractant patronné soient rendues exécutoires.

Des indications précises quant au contenu des mesures nationales à prendre par l'État qui patronne sont données dans diverses dispositions de la Convention et des instruments qui s'y rapportent. Ceci s'applique, en particulier, aux dispositions de l'article 39 du Statut requérant que les décisions de la Chambre soient exécutoires sur le territoire des États parties au même titre que les arrêts ou ordonnances de la plus haute instance judiciaire de l'État partie sur le territoire duquel l'exécution est demandée.

Fait en anglais et en français, les deux textes faisant également foi, en la Ville libre et hanséatique de Hambourg, le premier février deux mil onze, en trois exemplaires, dont l'un sera déposé aux archives du Tribunal et les autres seront transmis à l'Autorité internationale des fonds marins et au Secrétaire général de l'Organisation des Nations Unies.

Le Président
(Signé) Tullio Treves

Le Greffier
(Signé) Philippe Gautier

[Original : anglais et français]
ISBA/17/C/6 - ISBA/17/LTC/5

***

ANNEXE II
TEXTES DE RÉFÉRENCE, RAPPORTS ET ÉTUDES TECHNIQUES
(Voir le site www.isa.org.jm)

Documents fondamentaux

Convention des Nations Unies sur le droit de la mer, Montego Bay, signature le 10 décembre 1982, entrée en vigueur le 16 novembre 1994 Nations Unies, *Recueil des Traités*, vol. 1834.

Accord relatif à l'application de la Partie XI de la Convention des Nations Unies sur le droit de la mer du 10 décembre 1982, New York, 28 juillet 1994, entrée en vigueur le 28 juillet 1996, Nations Unies, *Recueil des Traités*, vol. 1836.

L'Accord a été adopté par la Résolution 48/263, le 28 juillet 1994, par l'Assemblée générale des Nations Unies pendant la reprise de sa quarante-huitième session qui s'est tenue du 27 au 29 juillet 1994 à New York.

Règlements sur l'exploration des minéraux

Décision de l'Assemblée concernant le règlement relatif à la prospection et à l'exploration des nodules polymétalliques dans la Zone adopté le 13 juillet 2000 ; ISBA/6/A/18 en date du 4 octobre 2000, et

Décision de l'Assemblée de l'Autorité internationale des fonds marins concernant les modifications à apporter au Règlement relatif à la prospection et à l'exploration des nodules polymétalliques dans la Zone ; ISBA/19/A/9 en date du 25 juillet 2013.

Décision de l'Assemblée de l'Autorité internationale des fonds marins concernant le règlement relatif à la prospection et à l'exploration de sulfures polymétalliques dans la Zone adopté le 7 mai 2010 ; ISBA/16/A/12/Rev.1*, en date du 7 mai 2010.

Décision de l'Assemblée de l'Autorité internationale des fonds marins concernant le Règlement relatif à la prospection et à l'exploration des encroûtements cobaltifères de ferromanganèse dans la Zone adopté le 27 juillet 2012 ; ISBA/18/A/11 en date du 22 octobre 2012.

Décision de l'Assemblée de l'Autorité internationale des fonds marins relatifs aux frais généraux d'administration et de supervision des contrats d'exploration ; ISBA/19/A/12 en date du 25 juillet 2013.

Rapports sur les travaux des ateliers

Deep Seabed Polymetallic Nodule Exploration : Development of Environmental Guidelines, Actes de l'atelier organisé par l'Autorité internationale des fonds marins sur l'exploration des nodules polymétalliques dans les grands fonds marins : mise au point de principes directeurs environnementaux ; atelier organisé du 1er au 5 juin 1998, à Sanya [Hainan, (République populaire de Chine)] (ISA/99/02). ISBN : 976-610-289-9.

Proposed Technologies for Deep Seabed Mining of Polymetallic Nodules, Actes de l'atelier organisé par l'Autorité internationale des fonds marins sur les technologies pouvant servir à l'exploitation des nodules polymétalliques dans les grands fonds marins ; atelier tenu du 3 au 6 août 1999, à Kingston (Jamaïque). ISBN : 976-610-311-9.

Minerals other than Polymetallic Nodules of the International Seabed Area; Proceedings of the International Seabed Authority's Workshop, Kingston, Jamaica, June 26-30, 2000. ISBN : 976-610-647-9.

Standardization of Environmental Data and Information : Development of Guidelines; Proceedings of the International Seabed Authority's Workshop, Kingston, Jamaica, June 25-29, 2001. ISBN : 976-610-486-7.

Prospects for international collaboration in marine environmental research to enhance understanding of the deep-sea environment; Proceedings of the 29 July - 2 August 2002 Workshop held in Kingston, Jamaica. ISBN : 976-610-558-8.

Development of a geological model of the polymetallic nodule resources in the Clarion-Clipperton Fracture Zone; Proceedings of the 13-20 May 2003 workshop held in Nadi, Fiji. ISBN : 976-95217-3-6.

Polymetallic Sulphides and Cobalt-Rich Ferromanganese Crusts Deposits : Establishment of Environmental Baselines and an Associated Monitoring Programme during Exploration ; Proceedings of the 6-10 September 2004 Workshop held in Kingston, Jamaica. ISBN : 976-95155-7-4.

Polymetallic Nodule Mining Technology : Current Status and Challenges Ahead; Proceedings of the 18-22 February 2008 Workshop held in Chennai, India. ISBN : 978-976-8241-08-5.

Études techniques

- Implementation of Article 82 of the United Nations on the Law of the Sea. Technical Study : No. 12, 2013.
- Towards the Development of a Regulatory Framework for Polymetallic Nodule Exploitation in the Area. Technical Study : No. 11, 2013. ISBN : 978-976-8241-16-0 (ebk).
- Environmental Management Needs for Exploration and Exploitation of Deep Sea Minerals. Technical Study : No. 10 ISBN : 978-976-8241-04-7.
- Environmental Management of Deep-Sea Chemosynthetic Ecosystems : Justification of and Considerations for a Spatially-Based Approach. Technical Study : No. 9. ISBN : 978-976-95268-9-1.

- Fauna of Cobalt-Rich Ferromanganese Crust Seamounts. Technical Study : No. 8. ISBN : 978-976-95268-7-7.
- Marine Benthic Nematode Molecular Protocol Handbook (Nematode Barcoding). Technical Study : No. 7. ISBN : 978-976-95268-8-4.
- A Geological Model of Polymetallic Nodule Deposits in the Clarion Clipperton Fracture Zone. Technical Study : No. 6. ISBN : 978-976-95268-2-2.
- Non-Living Resources of the Continental Shelf Beyond 200 Nautical Miles: Speculations on the Implementation of Article 82 of the United Nations Convention on the Law of the Sea. Technical Study : No. 5. ISBN : 978-976-95268-1-5.
- Issues associated with the Implementation of Article 82 of the United Nations Convention on the Law of the Sea. Technical Study : No. 4. ISBN : 978-976-95217-7-3.
- Biodiversity, Species Ranges and Gene Flow in the Abyssal Pacific Nodule Province : Predicting and Managing the Impacts of Deep Seabed Mining. Technical Study : No. 3. ISBN : 978-976-95217-2-8.
- Marine Mineral Resources : Scientific Advances and Economic Perspectives (A joint UN-DAOLOS/ISA Publication). ISBN : 976-610-712-2.
- Patents Issued for Technologies for Deep Seabed Polymetallic Nodule Exploration and Mining : 1960-1998 ; 2 CD-ROM sur les brevets ayant trait aux techniques d'exploration et d'exploitation des nodules polymétalliques dans les grands fonds marins ; Volumes 1-5 ; Volumes 6-10. ISBN : 976-610-389-5.
- Polymetallic massive sulphides and cobalt-rich ferromanganese crusts : status and prospects. Technical Study : No. 2. ISBN : 976-610-467-0.
- Global non-living resources on the extended continental shelf : Prospects at the year 2001. Étude technique No. 1 ; étude consacrée aux ressources non biologiques dans le monde du plateau continental étendu et aux perspectives pour 2001. ISBN : 976-610-375-5.

***

BIBLIOGRAPHIE CHOISIE

Anderson, David. Further Efforts to Ensure Universal Participation in the United Nations Convention on the Law of the Sea. *International and Comparative Law Quarterly*, 43 (4) October 1994, pp. 886-893.

Anderson, David. Resolution and Agreement relating to the Implementation of Part XI of the UN Convention on the Law of the Sea : a general assessment. *Zeitschrift für ausländisches öffentliches Recht und Völkerrecht* 55 (2) 1995, pp. 275-289.

Arcari, Maurizio. La contribution de l'avis consultatif du 1er février 2011 de la chambre du Tribunal international du droit de la mer au droit de la responsabilité internationale. *Annuaire du droit de la mer*, 2011, Tome XVI, pp. 351-365.

Auzende, Jean-Marie. L'hydrothermalisme sous-marin. In Didier Ortolland et Jean-Pierre Pirat, *Atlas géopolitique des espaces maritimes*, 2e édition. Paris : Editions TECHNIP, 2010, pp. 273-278.

Bennouna, Mohamed. Les droits d'exploitation des ressources minérales des océans, *Revue générale de droit international public*, n° 1, 1980, pp. 120-143.

Bennouna, Mohamed. Les droits d'exploitation des ressources minérales des océans. In Daniel Bardonnet et Michel Virally (ed.), *Le nouveau droit international de la mer*, Paris : Pedone, 1983, pp. 117-139.

Berge, Stig et al. *Environmental consequences of deep seabed mining : problem areas and regulations*. Lysaker, Norway : Fridtjof Nansen Institute, 1991, 135 p.

Blanc Altemir, Antonio. *El patrimonio común de la humanidad . hacia un régimen jurídico internacional para su gestión*. Barcelona, Bosch : Casa Editorial S.A., 1992, 280 p.

Bothe, Michael. The protection of the marine environment against the impacts of Seabed Mining : an assessment of the new Mining Code of the International Seabed Authority. In Peter Ehlers, Elisabeth Mann-Borgese and Rüdiger Wolfrum (ed.), *Marine Issues : From a Scientific, Political and Legal Perspective*. The Hague : Kluwer Law International, 2002, pp. 221-231.

Brown, Edward Duncan. The 1994 Agreement on the implementation of Part XI of the United Nations Convention on the Law of the Sea : breakthrough to universality?, *Marine Policy*, 19(1) January 1995, pp. 5-20.

Brown, Edward Duncan. *Seabed energy and minerals : the international legal regime*. Vol. 2. *Sea-bed mining*. The Hague : Martinus Nijhoff Publishers, 2001.

Caflisch, Lucius. The settlement of disputes relating to activities of the International Seabed Area. In Christos Rozakis and Constantine Stephanou, *The New Law of the Sea*. Amsterdam : North-Holland, 1983, pp. 303-344.

Churchill, Robin Rolf, and Alan Vaughan Lowe. *The law of the sea*. 3rd ed. Manchester, U.K. : Manchester University Press, 1999, pp. 223-254.

De Marffy-Mantuano, Annick. L'Autorité internationale des fonds marins : une organisation en devenir? *Annuaire du droit de la mer* 2011, Tome XVI, pp. 307-320.

Egede, Edwin. *Africa and the deep seabed regime : Politics and international law of the common Heritage of Mankind*. Heidelberg : Springer, 2011.

Freestone, David. Advisory Opinion of the Seabed Disputes Chamber of the International Tribunal for the Law of the Sea on "Responsibilities and Obligations of States Sponsoring Persons and Entities With Respect to Activities in the Area", *ASIL Insights*, Vol. 15, Issue 7 (March 9, 2011).

French, Duncan. From the Depths : rich pickings of principles of sustainable development and general international law on the ocean floor: the Seabed Disputes Chamber's 2011 Advisory Opinion. *International Journal of Marine and Coastal Law*, 26 (4) October 2011, pp. 525-568.

Goldie, Frederick. Special problems concerning deep seabed mining in the event of non-participation in UNCLOS : prospect for a reciprocating States regime, site certainty, investment assurance and potential litigation, In *United States law of the sea policy : options for the future*. Oceans Policy Study Series. Dobbs Ferry (N.Y.) : Oceana Publications, 1985, pp. 157-184.

Handl, Günther. Responsibilities and obligations of states sponsoring persons and entities with respect to activities in the Area : the International Tribunal of the Law of the Sea's recent contribution to international environmental law. *Review of European Community, International and Comparative Law*, 20 (2) 2011, pp. 208-213.

Harrison, James. Developments in the deep seabed mining regime. In *Making the Law of the Sea : a study in the development of the international law*. Cambridge University Press, 2011, pp. 115-153.

Hartley, David. Guarding the final frontier : the future Regulations of the International Seabed Authority. *Temple International and Comparative Law Journal*, 26 (2) 2012, pp. 335-366.

Hayashi, Moritaka. Japan and deep seabed mining. *International Law*, 17, 1986, pp. 351-365.

Jaenicke, Günther. Joint ventures for deep seabed mining operations. *Zeitschrift für ausländisches öffentliches Recht und Völkerrecht*, 55 (2) 1995, pp. 329-338.

Jarmache, Elie. Le cadre juridique de l'administration des ressources de la Zone. *Annuaire du droit de la mer*, 2011, Tome XVI, pp. 299-306.

Jarmache, Elie. La Zone, un concept révolutionnaire, ou un rêve irréaliste?, *Annales des mines*, n° 70, Avril 2013, pp. 71–76.

Le Gurun, Gwenaëlle. EIA and the International Seabed Authority. In Kees Bastmeier and Timo Koivurova (ed.), *Theory and practice of transboundary environmental impact assessment*, Leiden/Boston : Martinus Nijhoff Publishers, 2008, pp. 221-263.

Le Gurun, Gwenaëlle. What role for the International Seabed Authority in a future governance of biodiversity in the high seas? *Oceanis : Documents Océanographiques*, 35 (1/2) 2009, pp. 167-178.

Le Gurun, Gwenaëlle. Les ressources minérales et la Zone internationale des fonds marins. In Didier Ortolland et Jean-Pierre Pirat, *Atlas géopolitique des espaces maritimes*. 2ᵉ édition, Paris : Editions TECHNIP, 2010, pp. 261-272.

Le Gurun, Gwenaëlle. Some reflections on the evolutionary approach to the establishment of the International Seabed Authority. In Myron Nordquist and Michael Lodge (ed.), *Peaceful order in the world's oceans, Essays in Honour of Satya Nandan,* Leiden : Brill, 2014, pp. 249-264.

Lenoble, Jean-Pierre. Les conséquences possibles de l'exploitation des nodules polymétalliques sur l'environnement marin. In Jean-Pierre Beurier, Alexandre Kiss et Said Mahmoudi (ed.), *New technologies and law of the marine environment/ Nouvelles technologies et droit de l'environnement marin,* The Hague : Kluwer Law International, 2000, pp. 111-126.

Lévy, Jean-Pierre. Les bons offices du Secrétaire général en faveur de l'universalité de la Convention des Nations Unies sur le droit de la mer : l'adoption de l'Accord du 28 Juillet 1994. *Revue générale de droit international public,* n° 4, 1994, pp. 871-898.

Lévy, Jean-Pierre. *Le destin de l'Autorité internationale des fonds marins.* Paris : Pedone, 2002.

Lévy, Jean-Pierre. La première décennie de l'Autorité internationale des fonds marins. *Revue générale de droit international public,* n° 1, 2005, pp. 101-122.

Lévy, Jean-Pierre. De quelques « modifications » et « interprétations » de la Convention sur le Droit de la Mer. *Revue générale de droit international public,* n° 2, 2007, pp. 407-422.

Lodge, Michael. International Seabed Authority's Regulations on prospecting and exploration for polymetallic nodules in the Area. *Journal of Energy and Natural Resources Law,* 20 (3) 2002, pp. 270–295.

Lodge, Michael. Environmental regulation of deep seabed mining. In Andree Kirchner (ed.), *International marine environmental law : institutions, implementation and innovations.* The Hague : Kluwer Law International, 2003, pp. 49-59.

Lodge, Michael. The International Seabed Authority – its future directions. In Myron Nordquist, John Norton Moore and Tomas Heidar (ed.), *Legal and scientific aspects of continental shelf limits,* Leiden : Martinus Nijhoff Publishers, 2004, pp. 403-409.

Lodge, Michael. International Seabed Authority Regulations on prospecting and exploration for polymetallic nodules in the Area. In Elizabeth Bastida, Thomas Wälde and Janeth Warden-Fernández (ed.), *International and comparative mineral law and policy : trends and prospects.* The Hague : Kluwer Law International, 2005, pp. 171–196.

Lodge, Michael. Current legal developments : International Seabed Authority. *International Journal of Marine and Coastal Law,* 26 (3) 2011, pp. 463-480.

Lodge, Michael. The common heritage of mankind. *International Journal of Marine and Coastal Law,* 27 (4) 2012, pp. 733-742.

Lodge, Michael. Some reflections on the first request to the Seabed Disputes Chamber for an advisory opinion. In Myron Nordquist, John Norton Moore, Alfred Soons and Hak-So Kim (ed.) *The Law of the Sea Convention : US Accession and Globalization.* Leiden : Martinus Nijhoff Publishers, 2012, pp. 165-173.

Maljean-Dubois, Sandrine. L'enjeu de protection de l'environnement dans l'exploration et l'exploitation de la Zone : l'apport de l'avis de la Chambre du Tribunal international du droit de la mer du 1er février 2011. *Annuaire du droit de la mer*, 2011, Tome XVI, pp. 367-380.

Mahmoudi, Said. *The Law of Deep Sea-bed Mining*. Stockholm : Almqvist and Wilksell International, 1987.

Nandan, Satya. Administering the mineral resources of the deep seabed. In David Freestone, Richard Barnes and Davis Ong (ed.), *The Law of the Sea : progress and prospects*. New York : University of Oxford Press, 2006, pp. 75-92.

Nandan, Satya, Michael Lodge, and Shabtai Rosenne. *The Development of the Regime for Deep Seabed Mining*. Kingston : International Seabed Authority, 2002, also available at http://www.isa.org.jm/files/documents/EN/Pubs/Regime-ae.pdf

Nandan, Satya, Michael Lodge, and Shabtai Rosenne. *United Nations Convention on the Law of the Sea 1982 : A Commentary*, Vol. VI. The Hague : Martinus Nijhoff Publishers, 2002.

Nordquist, Myron, Satya Nandan, and James Kraska. *United Nations Convention on the Law of the Sea 1982 : A Commentary*, Vol. VII. The Hague : Martinus Nijhoff Publishers, 2011.

Nelson, Jason. The contemporary seabed mining regime : a critical analysis of the mining regulations promulgated by the International Seabed Authority. *Colorado Journal of International Environmental Law and Policy*, 16 (1) 2005, pp. 27-75.

Nelson, Dolliver. The new deep seabed mining regime. *International Journal of Marine and Coastal Law*, 10 (2) 1995, pp. 189-203.

Noyes, John. The common heritage of mankind : past, present, and future. *Denver Journal of International Law and Policy*, 40 Winter/Spring, 2011-2012, pp. 447-471.

Oxman, Bernard. Law of the sea forum : the 1994 Agreement on implementation of the seabed provisions of the Convention on the Law of the Sea : the 1994 Agreement and the Convention. *American Journal of International Law*, 88(4) October 1994, pp. 687-696.

Piquemal, Alain. Genèse du régime juridique du concept de patrimoine commun de l'humanité et de la Zone dans le contexte de l'avis consultatif du Tribunal international du droit de la mer (TIDM). *Annuaire du droit de la mer*, 2011, Tome XVI, pp. 283-297.

Scovazzi, Tullio. Mining, protection of the environment, scientific research and bioprospecting : some considerations on the role of the International Seabed Authority. *International Journal of Marine and Coastal Law*, 19 (4) 2004, pp. 383–409.

Scovazzi, Tullio. L'exploitation des ressources génétiques marines au-delà des limites de la juridiction nationale. *Annuaire du droit de la mer*, 2011, Tome XVI, pp. 321-335.

Spicer, Wylie. Commentary : seabed mining still lacks ground rules. *The Northern Miner : The Global Mining Newsletter*, 2013-01-16.

Treves, Tullio. Vue d'ensemble sur l'avis consultatif du 1er février 2011. *Annuaire du droit de la mer*, 2011, Tome XVI, pp. 343-350.

Tuerk, Helmut. The principle of the common heritage of mankind. In *Reflections on the Contemporary Law of the Sea*. Leiden : Martinus Nijhoff Publishers, 2012, pp. 31-48.

Wood, Michael. International Seabed Authority : the first four years. *Max Planck Yearbook of United Nations Law*, Vol. 3, 1999, pp. 173-241.